Jürgen Flimm Theatergänger

JÜRGEN FLIMM

THEATERGÄNGER
BEGEGNUNGEN UND STATIONEN

STEIDL

1. Auflage 2004
© Copyright: Steidl Verlag, Göttingen 2004
Alle Rechte vorbehalten
Umschlaggestaltung: Steidl Design/Claas Möller
Satz, Druck, Bindung:
Steidl, Düstere Straße 4, D-37073 Göttingen
www.steidl.de
Printed in Germany
ISBN 3-86521-052-X

für Susi

INHALT

9 Peter Zadek
11 Eberhard Feik
17 Wilhelm Unger
23 August Everding
31 Arno Wüstenhöfer
37 Boy Gobert
45 Peter Stein/Karl-Ernst Herrmann
57 Luc Bondy
69 Nikolaus Harnoncourt
83 Luigi Nono
93 Giuseppe Sinopoli
97 Bayreuth
107 Rudolf Augstein
115 Richard von Weizsäcker
123 Henning Rischbieter
131 Willy Millowitsch
147 Christoph Marthaler
155 Heiner Müller
161 Will Quadflieg

173 Hinweise

PETER ZADEK

THEATERSCHRECK NR. 1

Es war wohl Ende der Fifties, als ich, noch ganz gymnasialer Knabe, mit hochroten Backen in einem Kölner Theater saß und es nicht glauben konnte: Ich sah eine wundersame, rätselhafte, freche, fröhliche, auch verstörende, weil gänzlich unverständliche Aufführung; über eine kahle Sängerin, die allerdings nie auftrat geschweige denn sang, inszeniert von einem jungen Engländer, Peter Zadek. Ich war elektrisiert. Wer war das denn? Was war das denn? So grundverschieden, so anders als alles, was bislang auf rheinischen Brettern zu besichtigen war. Aufgeregt haben sich die Kölschen, krude war das und unordentlich und unerzogen und ohne Rückhalt auf das, was war und wie es sich gehört und wie es sich gefällt. Der Theaterschreck betrat die Szene, von jetzt an wurde der Skandal Ereignis. Und Theaterschreck Nr. 1 ist er ja gottlob geblieben, heilsames Elixier für viele müde Stadttheaterhäupter.

Die nächsten roten Backen bekam ich einige Jahre später. Da war ich Student und Schauspieler, als der WDR mich 1968 in einem Film, »Rotmord«, besetzte. Regie: Peter Zadek. Ausstattung: Wilfried Minks. So sank ich dann am 30. April 1919, von fiesen Räterepublikanern gemeuchelt, in den bayerischen Staub. Und der Regisseur lachte und lobte: rote Backen! Ich könnte nun, wie viele, unzählige Geschichten und Schnurren erzählen, wie neulich, als wir nach dem großen Erfolg von

»Bash« an sonniger Alster aßen. Vom »Untertan« und Bochum, von der abstrusen Nacht der Regiemonster – Dresen, Nel, Bondy, Neuenfels, Rudolph, Zadek, Flimm und anderen Fellows – unter der Anleitung des designierten Schiller-Theater-Direktors Dr. Rühle in der Wohnung in der Pöseldorfer Milchstraße. Erzählen könnten wir vom schier endlosen Sturm des »Othello«-Skandals an des tapferen Ivan Nagel Schauspielhaus in Hamburg. Wie vornehme Hanseaten außer Rand und Band geraten konnten, how funny! Von unserer guten und trickreichen Nachbarschaft – hier Thalia, dort Schauspielhaus in den Achtzigern, die Jahre hielt, bis ich meine vorlaute Klappe nicht halten konnte... Und kalte Wetter kamen über mich. Zerknirscht blieb Reue.

Bücher sollten wir ihm schreiben, rühmende Danksagungen für den Skandal, der er geblieben ist. Über seine Radikalität, über seinen Zynismus, seine Liebe und seinen Haß auf das Theater und seine Player. Wie beim alten zornigen Fritz Kortner sind seine Aufführungen stets Forschungsreisen in die Mitte des »globe«, auf der unruhigen Suche nach der inneren Wurzel, auf der Suche nach der geheimnisvollen Materie, die Wolkenkuckucksheime wegpusten und Himmelsleitern hoch aufrichten kann und wie Erdbeben die matten Köpfe trauriger Tröpfe erzittern läßt.

Als er von unserem kleinen Mahl an der Alster zu irgendeinem Interview enteilte, dachte ich: Schau, da geht die Theatergeschichte auf zwei Beinen. Und wieder hatte ich vergessen, ihn nach der Telefonnummer von Shakespeare zu fragen.

EBERHARD FEIK

Wir kannten uns schon ziemlich lange aus der Straßenbahn und trafen uns jeden Morgen im letzten Wagen auf dem Weg zur Schule und wurden sehr gute Freunde und schreckliche Flegel, der Pädagogikstudent Feik, Fotografenlehrling Hermann Josef Baus und ich, der brave evangelische Junge, der sich ans Theater ranmachte. Später kamen noch die Mädchen dazu, aber zu dieser Zeit waren wir ein abstruses Trio. Fuhren Eberhard und ich mit unseren klapprigen Autos zur Schauspielschule nach Köln-Nippes, dann bumsten wir an irgendeiner roten Ampel auf den Vordermann auf, sprangen sogleich aus unseren Blechbüchsen, schrien uns an, der laute Streit wurde mit unflätigen Ausdrücken wie Spinner! Wichser! Rentner! Schwule Sau du! auf einen Höhepunkt zugetrieben, und am Ende stand immer eine erstaunliche Schlägerei wie aus einem Spaghettiwestern. Schließlich sank einer tief getroffen auf das Pflaster. War Hermann dabei, gab er die Rolle des Vernünftlers, mischte sich ein und bekam selber was aufs Maul. Dies trieben wir mehrere Ampelphasen lang und mit wachsendem Vergnügen! Die Neugier der hinter uns harrenden Fahrer wich irgendwann Empörung, Hupkonzerte, Rufe nach der Polizei waren früher unsere schönste Belohnung für eine geglückte Vorstellung. Endlich rafften wir uns auf und sprangen fröhlich und frisch allerdings jeder in das Auto des anderen. Die hupenden Zuschauer blieben ziemlich verdattert zurück, während wir vergnügt davonrasten.

Oder wenn Eberhard durch das Kaufhaus rennen mußte und Hermann und ich ihn treppauf treppab verfolgten. Unsere grauen Personalausweise hielten wir hoch in die Luft und riefen lauthals außer Atem:

Achtung, Achtung, hier spricht die Polizei! Halten Sie diesen Mann fest, er hat soeben Gott gelästert! Ungläubige Blicke stierten uns an, und niemand half.

Die alten Zeiten aber sind ja längst perdu, vielleicht waren sie auch gar nicht so lustig, die Erinnerung mag trügen, aber wie sollten wir uns sonst bis ins hohe Alter, das der Herr uns geben möge, retten?

NACH BUFFALO, NACH BUFFALO!

Du hörst es doch und glaubst es nicht; weil du ja denkst, du habest ihn doch gerade noch gesehen. Als wäre er nur kurz um die Ecke gebogen, zum Greifen nahe. Ach was, das war doch nicht bloß Schimanskis Thanner, der so heftig mit seinem Wagen schleudern konnte, der sich so zivil aufplusterte und die wasserblauen Augen so schön über dem Kopf zusammenschlug, wenn der Schimmi mal wieder in die Unordnung geriet, er war es doch nicht, der so schrecklich schnell gestorben ist; das war Eberhard, unser Freund! Keiner von uns ahnte, daß die Zeit nach seiner Herzoperation vor einigen Jahren nur noch geliehen war. War er doch wieder fröhlich und schien so gesund und sicher: ins Leben zurückgekehrt!

Aufgewachsen ist er in einem Nest am Rand von Köln, und wir gingen gemeinsam auf das Gymnasium in Deutz. Das war diese Zeit, Ende der fünfziger Jahre, da raschelten noch die Petticoats, und in der frühmorgendlichen Straßenbahnfuhre begafften wir kichernd die Mädchen, Petra und Astrid. Hermann, der später Fotograf wurde, war auch dabei und Clärchen, deren Vater Bäcker war, die ihre Beliebtheit mit der Zuteilung von Schweineöhrchen dosieren konnte. Unbestritten war Eberhard der Chefkomiker dieser Truppe, vielleicht, weil er in der mächtigen, vielköpfigen Familie Feik – sieben Westfalenschädel mit weichem Herz – der allerjüngste war. Er war wirklich komisch, das bemerkten auch unsere karnevalseligen Pauker, und zur Zeit der Pappnasen hoppelte Eberhard denn auch über das Aulabühnchen, und die Leute jubelten ihm zu, verliebten sich in seinen rauhbeinigen Charme. Ach, wenn er eine Frau gewesen wäre, ich hätte ihn geheiratet. Wir widmeten uns bald gemeinsam dem deutschen Laienspiel und machten uns an erste Aufführungen in Gemeindehäusern und Werkskantinen; ein umwerfend komisches Stück schleppten wir immer mit uns herum: »Noch zehn Minuten bis Buffalo« von Günter Grass. Eberhard spielte den wilden Lokomotivführer Krudewil.

Nach dem Abitur mußte er allerdings auf Volksschullehrer studieren, die Eltern hatten kein allzu großes Vertrauen in seine mimetischen Fähigkeiten. Ich lernte derweil Germanistik bei Professor Hinck. Folglich sprangen wir bald auf der Unibühne (Hörsaal 7) herum: Als wir einmal ein selbstgestricktes Stückchen aufführten – extremes Körpertheater mit Jazz, heute wieder hochmodern –, hatte ich mit großer List Hans Schweikart, den wunderbaren Regisseur und ehemaligen Chef der Münchener Kammerspiele, in eine Vorstellung gelockt. Am Schluß stand Ingenieur Feik vor der Saaltür, fragte ängstlich den großen Theatermann, ob denn sein Sohn, der mit dem blonden Schnäuzer, fürs Theater tauge. Der alte

Schweikart neigte spöttisch seinen hageren Vogelkopf, grinste durch die dicken Brillengläser: Das will ich meinen! Da kam Freude auf. Wir eroberten nun das Kölner Kellertheater – da gab's auch Schauspielunterricht – mit unserem »Buffalo«. Inzwischen hatten wir ihn auch im Bonner Studententheater des Kommilitonen Erhard Thomas umjubelt gezeigt.

Eine böse Niederlage erlitten wir allerdings beim Internationalen Studententheaterfestival in Erlangen – dort gastierten wir mit unserem universitätseigengestrickten Einakter »Jussupoff«. In höchster finanzieller Not hatten wir im Programm eine Anzeige der Bundeswehr abgedruckt: Heiliger Marx, bekamen wir Senge. Schauprozessen gleich wurde die reine Lehre über uns ausgeschüttet, und manch heute berühmter Intendant, Dramaturg, Verleger, Kritiker hat uns in den schwarzen Plumpsack gesteckt: So verzichteten wir auf unsere internationale Karriere und reisten in die heilige Stadt am Rhein zurück. Wie schon Eberhards wilder Krudewil sagte: »In dreißig Minuten sind wir in Buffalo, dann hat alles Elend ein Ende, dann werden die Glocken geläutet und die Laternen gekitzelt, dann wird das Hemd gewechselt und die Brust gesalbt, dann werden die Nägel beschnitten und die Kniekehlen geölt, dann wird gelacht, hörst du, gelacht.« Jawohl, so sollte es sein, dann wird gelacht.

Wir landeten im Theater am Dom; Zenit lokaler Karriere: Naturbühne Blauer See zu Ratingen, »Diener zweier Herren«. Welche Posse, wenn unser Truffaldino am frühen Morgen schon so besoffen war, daß wir vor grölenden Schulkindern seine Koffer aus dem Blauen See fischen mußten.

Oder jene rasende Serie von »Max und Moritz« auf der Rollschuhbahn im Deutzer Rheinpark, wo wir, wenn des Lehrer Lempel Pfeife partout nicht in die Luft gehen wollte, alle laut im Chor »Rumms« rufen mußten! Bald stellte sich freilich schmerzlich heraus, daß aus unserer Heirat nichts werden konnte, weil Eberhard sich in Annelie verliebte und bald eine Familie wurde. »Nimm mir die Familie, und du nimmst mir alles.« Diesen Tschechow-Satz des Platonow Götz George mußte sich der Doktor Trilecki Feik auf einer Tournee oftmals anhören. Auf Eberhard traf er sehr wohl auch zu.

Als er später, die Leute drehten sich schon nach ihm um, einmal der Werberei nicht widerstehen konnte, sagte er: »Ihr wißt schon, wegen Mamke«, dem Töchterlein. Und rollte die hellen Augen, strich sich den mächtigen Schnurres. Ja, wir wußten, wie er Annelie und die Töchter liebte. Aber ach, die Zeiten wurden ernster, erste Verrisse! Unsere »Publikumsbeschimpfung« wurde niedergemäht. Warum sind wir nicht weiter nach Buffalo gefahren? Wo lag das aber auch? Für Eberhard in Krefeld und bald bei Peter Palitzsch in Stuttgart. Dort sagte er als Koch in der »Courage«: »Wenn ich nix bin, bin ich solid.« Sein und Schein! Er war immer solid und freundlich und verläßlich, von seltenem Anstand bis zur Pusseligkeit, immer auf der Seite der Armseligen und Erbarmungswürdigen. Mit der Palitzsch-Truppe zog er bald in das wirre Frankfurt.

Über die Kammerspiele in München war ich inzwischen am Gobertschen Thalia gelandet, wilde siebziger Jahre: Unser Buffalo sollte bald an der Alster liegen, und Gobert war sogar einverstanden. Nun hatte »das Elend ein Ende ... gelacht, hörst du, gelacht«.

Aber ach, da gab es ein Buffalo an der Spree, da heizte der große Meister Stein einem meisterlichen Ensemble ein. Und dorthin zog mein Lokomotivführer. Und ich konnte es nicht verstehen, hatte doch schon der Heizer Pempelfort in Grassens Stück gejammert: »Schwöre, schwöre..., daß du mich nie wieder allein läßt.« Da am Halleschen Ufer waren zudem auch noch einige dieser Gesellen am Werk, die uns ehedem in den Erlanger Plumpsack gesteckt hatten. Ich war auch neidisch und sah ihn oft in heute legendären Aufführungen. Lange Zeit war er dort, aber wie sang schon sein Krudewil hoch auf der Lokomotive: »Sie tragen sich einander nach und unterwandern sich beim Schach, sie überbrücken ihre Lücken mit wunderschönen Eselsbrücken.«

Am Ende rief das Fernsehen: »Der Spatz vom Wallrafplatz« und endlich Thanner. Und viele andere Rollen, und die Leute liebten ihn wieder wie damals in der Aula im Deutzer Gymnasium.

Vor einiger Zeit saßen wir im Thalia-Theater und wollten noch einmal zusammenarbeiten, so wie damals, weißt du noch, die alten Geschichten bleiben ja. Er schwang sich auf sein schnelles Rad, am nächsten Morgen hatte er zu drehen. Nach Buffalo, welches Buffalo, was ist wichtig? Er hat geglaubt, daß wir uns alle wiedersehen nach dem Tod. Geb's Gott, daß wir es glauben können. Es wär zu schön. Mein Eberhard, Graf Rauschebart.

WILHELM UNGER

Das klitzekleine Theater Der Keller war tatsächlich in einem Kölner Keller, und dieses Theaterchen hatte auch eine klitzekleine Schauspielschule, und da gingen wir hin und lernten schnell spielen und inszenieren. Nach kurzen zwei Jahren machte ich meine Schauspielprüfung, der einzige Beruf, den ich bis heute regelrecht nachweisen kann. Diese Schule war ein fröhlicher Ort, die meisten von uns waren Studenten, die auf Theater spekulierten, geleitet wurde diese liebenswerte Klitsche von zwei Schauspielern, der resoluten Marianne Jentgens und dem scheuen und witzigen Heinz Opfinger, beides Leute, die nach dem Krieg ihren Weg abseits der großen Vorhänge und Staatsbühnen gemacht hatten. Ein Hauch existentialistischer Avantgarde wehte noch immer durch diese Keller. Bald schon gab's Premieren, wir spielten als Schüler für fünf Mark am Abend, das reichte für wenige Kölsch, Frikadelle und Solei in der Kneipe Rheingold an der Ecke. Plautus' »Goldtopfkomödie« setzte ich mit meinen geduldigen Mitschülern alsbald ins Werk. Große Aufregung gab es bei den Premieren, wenn Er sich angesagt hatte, der gefürchtete Kritiker vom »Stadtanzeiger«: Wilhelm Unger! Der hatte schreckliche Fehden ausgefochten und war nicht aufs Maul gefallen. Unser junges Theater mochte er, und so war er immer mild und ziemlich nachsichtig. Nach aufgeregten Premieren hockte dann ein netter rundlicher Herr auf dem alten Gestühl, feierte mit uns und erfreute sich des allseitigen Respekts: Auf seine Empfehlung hin habe vor gar nicht langer Zeit ein ganz junger, ziemlich schräger englischer Regisseur zum ersten Mal in Deutschland, in Köln, im Theater am Dom inszeniert, Peter Zadek.

Sie gehen mir nicht aus dem Sinn, der alte Mann und seine Zeit, die nicht unsere war. Es war die Zeit vor dem Naziterror, die ihm für immer verlorengegangen war. Der Jude Unger kam zurück, aber nicht in seine Zeit.

SCHÖNE KRÄCHE

Wie über ihn sprechen, sich erinnern, der so viel war: Kritiker, Anreger, Wegbereiter, Schriftsteller, Promoter, hilfreicher Rat, Anstifter, hemmungsloser, leidenschaftlicher Kölner, der sich auskannte in den winkligen Gassen des Klüngels, der Freund. Als er begraben war, war der Himmel ganz rot über Köln. Wenn man dran glaubte, dann hätte man denken können, der Himmel feiere die Ankunft des Ehrenfelder Propheten. Kommen Juden eigentlich in den Himmel?

Einen Teufel kennt das Alte Testament nicht, hatte mir Unger einmal grinsend bei einem Gespräch über den »Faust« zugesteckt, den habt ihr erfunden. Wir haben nur Luzifer, den gefallenen Engel, eben!

Kommen Juden in die Hölle? Wir liefen durch seine Wohnung hoch über dem Ehrenfeld – es war voll wie früher, wie immer auf diesen Treffen aus den verschiedensten Anlässen – und die gab's genug. Es war ja der einzige »Salon« in Köln, etwas, das es heute ja nun leider nicht mehr gibt, so ein christlich-jüdisch-linksliberaler-republikanischer Club von Schöngeistern und Quatschköppen. Wie oft haben wir da gesessen, bis der Morgen graute, und gestritten übers Theater, über Stein und Heyme und all diese jungen Revoluzzer...

Nach seinem Tod liefen wir also noch einmal durch diese Wohnung, viele der alten und jungen Freunde, und waren alle so allein in dieser Menge. Wie die beiden Katzen. Auf einmal herrenlose Streuner.

Immer wieder bin ich ums Eck gestrichen und hoffte, er säße da irgendwo herum mit seiner Pfeife und den sich ununterbrochen häufenden abgebrannten Streichhölzern, also Pfeiferauchen durch Anzünden von Streichhölzern vortäuschend, den Kopf wiegend, bedenklich, Gesichter ziehend, die Hand an der Stirn... sich über irgendwas streng erregend. Das ist doch nicht mööglich.

Auf seinem Nachttisch lag noch seine Uhr, als hätte er sie gerade ausgezogen, kurz vorm Schlafengehen, die Kerzen bloß flackerten vor seinem Bild. Irgendwann mußte man es dann hinnehmen, er war weg.

Wenn ich nun – selten genug – über die Kanalstraße fahre, dann schweift mein Blick unwillkürlich hoch zum Dach des Hauses in der Vogelsanger Straße, und ich ertappe mich bei einem Gefühl, das ich vorher nicht in mir vermutete. Ich bekomme auf einmal Angst vor diesem Verlust, er gehörte doch viel mehr zu uns und unserem Weg, zu all diesen schwierigen Theaterzeitläuften der letzten zwanzig Jahre in dieser Stadt, in diesem Haus am Offenbachplatz. Ja, und mit wem streite ich mich nun über zeitgenössisches Theater? Schöne Kräche, wo sind sie geblieben?

Wilhelm Unger war mein treuer Förderer all diese Jahre – von meinen ersten tapsigen, vorlauten Versuchen im Kellertheater an der Wörthstraße übers Theater am Dom bis hin zur Intendanz in Köln – und unbequemer Mahner. Seine letzten Tage hat er nur noch vom Theater und vom Judentum geredet, und als ich ihn zum letzten Mal sah, erinnerte er mich an ein altes Kind, so klein lag er da im Bettchen und erzählte vor sich hin. Welche Arbeit, diesen Kopf leerzumachen. Alles noch zu bereden, zu besprechen, dieses lange, vielfältige Leben, den weiten Weg, den jüdischen Weg, die schreckliche Flucht vor den deutschen Mördern in die Emigration, auf verschlungenen Pfaden, in die Fremde, in die auf Pump gelebte Heimat.

Über Unger sprechen, sich an Unger erinnern heißt auch, über das Verhältnis zu reden zwischen den Juden und – ja, hier stock ich schon – und wem? Christen? Deutschen? Nichtjuden? Anti- und/oder Philosemiten? Die Sprache sträubt das Gefieder, sie kann es nicht präzis formulieren. Wie entledigt man sich dieser Skrupel? Wann wird es möglich sein, dieses Verhältnis nicht mehr als Antagonismus zu beschreiben?

Wir haben oft darüber Scherze gemacht, der alte W.U. und ich, über dieses schreckliche deutsche Thema: Als er einmal unsicher vor dem Kellertheater stand, wollte er auf die andere Straßenseite, die Autos rauschten vorüber, ich half ihm dann. Auf der anderen Seite angelangt, knurrte er sarkastisch, daß diese Antisemiten ihn mal wieder nicht über die Straße gelassen hätten.

Ein jäher Schreck durchfuhr uns alle, als Ende der fünfziger Jahre die Kölner Synagoge beschmiert wurde. Als evangelischer Junge wachte ich wie aus einem Traum auf. In dieser mühsam herbeigeführten Demokratie amerikanischer Prägung, geformt von Adenauers Zentrum und nicht von den Ahlener Ideen Karl Arnolds – von Schumacher, Ollenhauer oder gar Victor Agartz ganz zu schweigen. So hatten wir doch nicht gewettet: Es war doch alles klar und sauber, nicht? Philosemitisch war doch angesagt und Moralpunkt Nr. 1. Aber nichts war klar, alles war ziemlich verlogen und die Moral ziemlich doppelt: der 20. Juli und der Globke. Der Schoß war und ist fruchtbar noch, aus dem das kroch: Faschismus und sein übelster Gestank: Rassendünkel, Rassenhaß, Antisemitismus, Völkermord, Holocaust. Wir machten damals ein Schülerzeitungsinterview mit dem Kölner Rabbiner Zwi Asaria, und mein Geschichtslehrer Schilling gründete eine christlich-jüdische Jugendgruppe.

Mein Erinnern an Unger ist nicht nur das Erinnern an das milde Lob und den heftigen Tadel eines väterlichen Freundes, sondern auch das Erinnern an einen Brückenbauer, und das ist ihm nicht immer gedankt worden.

Damals waren wir Jungen auf der antifaschistischen Seite, das war richtig. Ich lernte so auch bald Unger kennen. Sehr lange war er noch nicht zurück aus der Emigration. Wir wußten, wo wir hingehörten, das entsetzliche und lähmend törichte Gefasel vom Kanzler Kohl über die Gnade der späten Geburt wäre uns nie in den Sinn gekommen, wir wollten, ja, mußten arbeiten und Antworten geben. Trauerarbeit nannte Mitscherlich den Kampf gegen Antisemitismus, gegen Rassismus, gegen Jagd auf Minderheiten. Dieser Kampf war für uns bald auch ein Kampf gegen Faschismus und Imperialismus, gegen Ausbeutung und Unterdrückung.

Ich hatte mit Unger einmal einen heftigen Krach über das schändliche Engagement der Amerikaner in Vietnam. Ich hatte damals in der »Tribüne« des Theaters am Dom einen diesbezüglich eindeutigen Abend veranstaltet. Unger verteidigte die Amis, schließlich hätten die auch die Tore der KZs geöffnet und auch uns von den Nazis befreit. Ich konnte damals nicht begreifen, daß er mein politisches Interpretationssystem nicht mittragen konnte und wollte – er, der emigrierte Jude! Später hab ich es dann begriffen, wenn ich seine uralte Angst spürte, daß diese jungen aufklärerischen Gedanken da nicht mehr greifen.

AUGUST EVERDING

Glück, sagt man, habe der Tüchtige, aber andere lachen, mancher habe mehr Dusel als Verstand gehabt. Ich hatte Glück und Dusel gleichermaßen und kann mich bei der guten Fortuna nicht beschweren. Mit steigendem Alter hat sich die launische Göttin allerdings zunehmend skeptisch und zugeknöpft gezeigt. Aber man kann nicht immerzu alles haben, vielleicht habe ich die Dame in meinen frühen Jahren ein wenig überfordert.

Einer dieser Glücksfälle war die Begegnung mit dem ehrwürdigen Regisseur Hans Schweikart, der meinem Leben hie und da eine überraschende Wendung gab. Während ich in Köln studierte, mußte ich so ziemlich alles Geldwerte betreiben, was irgendwie mit dem Theater zu tun hatte. So geriet ich an eine Fernsehproduktion des WDR: »Das Duell«, ein Film nach Tschechow, Regie führte Hans Schweikart. Schnell hatte ich mich zum Assistenten gemausert und war so bald mit dem alten Meister ins Gespräch geraten: Ich erzählte ihm von meinem Studium und unseren zaghaften Regieversuchen auf der Studiobühne im Hörsaal 7. Zu meinem überaus glücklichen Schrecken sagte er sich zum Besuch einer unserer Aufführungen an, in der Limousine meines Vaters chauffierte ich ihn in die Uni. Als unser kleiner Spaß vorbei war – noch heute wird mir ganz schwindlig bei dem Gedanken, den großen alten Theatermann von den wunderbaren Münchener Kammerspielen zu einer solchen Petitesse gebeten zu haben –, fragte ich ihn keß, wie es ihm denn gefallen habe. Der Alte wiegte den Kopf, ich sei wohl begabt, und wenn er etwas für mich tun könne, solle ich mich getrost bei ihm melden.

Als ich einige Zeit und mehrere Niederlagen später von meinem ehemaligen Mitstudenten Ulrich Heising beim Kölsch hörte, daß er seine Assistentenstelle in den Kammerspielen aufgebe, um ans Schauspielhaus nach Hamburg zu Egon Monk zu wechseln, schrieb ich noch in der gleichen Nacht an Schweikart, bewarb mich als Assistent bei den Münchener Kammerspielen und bei seinem Intendanten August Everding, dem Nachfolger Schweikarts. Der alte Mann setzte sich nachdrücklich für mich ein, und ich bekam einen Stückvertrag für Arthur Millers »Der Preis« mit Maria Nicklisch, Hans Korte, Peter Pasetti und René Deltgen.

Ich brach meine Zelte in Köln ab und betrat das richtige Theater an der Maximilianstraße in München. Everding allerdings hatte seine Mühe mit mir. Mein Vertrag stand auf der Kippe. Mir ging es ziemlich schlecht, was sollte ich bloß tun? Am Nachmittag des entscheidenden Gesprächs saß ich noch auf einen Tee in der »Kulisse« und fürchtete mich sehr, finita la commedia? Da hinkte Herr Schweikart ins Lokal und schob sich an meinen Tisch. Es war Probenende, und wie immer trank er seinen Nachmittagskaffee und las seine Abendzeitung. Wie es mir so ginge und was ich so mache, fragte er wie immer altersmilde. Ich erzählte es ihm und erstarrte, als er mich tatsächlich fragte, ob ich denn meinerseits noch bleiben wolle. Ich stotterte, daß ich nicht recht wisse, was ich nun wohl mit meinem Leben anfangen solle, etwa gar in Köln ein Medizinstudium beginnen und die väterliche Praxis übernehmen? Er müsse den Everding sowieso anrufen, und ich solle nun getrost hinaufgehen. Everding saß wie immer etwas zerknittert hinter seinem Schreibtisch und begann gerade unheilschwangerer Stimme das böse Gespräch, als ein Telefon klingelte: Ja, sagte er, der sitzt gerade hier, ja, wenn Herr Schweikart meine, klar, auch er freue sich. Dann hing er ein und freute sich, daß er mir einen ganzen Jahresvertrag anbieten könne. Luft holen ... Taumel, Dusel oder Glück.

Als August Everding, viele Kräche und Versöhnungen später, seinen 65. Geburtstag rauschend feierte, tout le monde gab sich die Ehre, rotteten sich am Ende einige seiner ehemaligen Revoluzzer zusammen, besetzten sein Büro und plünderten seinen Kühlschrank. So tranken wir bis zum frühen Morgen seinen Champagner leer, und August saß am Flügel und war ziemlich gut drauf. Fünf Jahre später, kurz nach seinem siebzigsten Geburtstag, starb August Everding. Ein guter Intendant müsse gute Trauerreden halten können, hatte ihm Schweikart, sein Meister und Lehrer, eingebläut. Nun konnte er sich selber keine halten. Darüber waren wir alle ein bißchen erstaunt.

DIE WILDEN JAHRE IN MÜNCHEN

Als August Everding 1963 Intendant wurde, hatte ich gerade Abitur gemacht. Fünf Jahre später hat er mich als Regieassistenten an die ruhmreichen Münchener Kammerspiele engagiert – ja, und da schrieben wir das Jahr 1968. Welch aufregende Zeiten! Everding, damals noch sehr jung, kam uns noch Jüngeren damals schon sehr alt vor. Er, der eigentlich zu unserer Generation hätte gehören können, schien auf merkwürdige Weise zu einer ganz anderen zu gehören, zu der sehr viel älteren der Väter, die wir nicht leiden können wollten. Was war er? Großer Bruder, Onkel?

Ich erinnere mich: Wie wir mit Everding, Schweikart, Stein, Peter Lühr und Maria Nicklisch und vielen anderen Schauspielern dieses wunderbaren Ensembles und Technikern mit einem eigenen Demonstrationszug der Kammerspiele in den alten Botanischen Garten zogen, wo der leibhaftige Fernsehdirektor des Bayerischen Rundfunks eine Rede gegen die Notstandsgesetze hielt! Ich fühlte mich, zum ersten Mal in der Fremde – denn für einen evangelischen Rheinländer liegt München gleich hinter dem Mond –, fast wie zu Hause.

Dann aber drehte sich das Rad der Zeit immer schneller, auch an den Kammerspielen. Stein inszenierte nach seinen beiden brillanten ersten Aufführungen von »Gerettet« und »Im Dickicht der Städte« im Werkraumtheater aus gutem Grund Peter Weiss' »Vietnam-Diskurs«. Giesing hatte inzwischen den guten Verhoeven abgelöst und Stein war Leiter des Werkraumtheaters geworden; Chefdramaturg war Ivan Nagel. Keine schlechte Mannschaft ... Dieser Intendant August Everding brauchte also Kraft und Selbstbewußtsein und ein hohes Maß an Toleranz und laisser-faire. Der ewige Komplex der Theaterleute, mit ihrer Arbeit auf der Bühne doch nicht gerade die Welt zu bewegen, führte zum Beschluß des Ensembles, im Werkraumtheater nach den Vorstellungen Geld für Waffen für den Vietkong zu sammeln. Die Wahrheit ist ja konkret. Das führte, gelinde gesagt, zu herben Verwerfungen. Im ersten Stock hockte rachesüchtig Rudolf Lehrl und wendete alle Kniffe des Hausrechts an, bis wir schließlich auf der Straße standen und dort unsere Hüte aufhielten. Stein ritt auf den Schultern seiner Schauspieler und rief radikale Parolen durchs Megaphon. Heute sammeln wir für hungernde Kollegen in

Rußland, für Asylbewerber, für Kinder in Bosnien. Das ist besser. Und sinnvoll. So ändern sich die Zeiten.

Stein flog raus. All unsere Bitten an die Leitung der Kammerspiele, auch an August, verhallten gehört. Mancher, der sich heute Steins Freund rühmt, hat damals auch nicht zu ihm gestanden. Das Schlimmste aber war, daß wir mit Everding nicht mehr ins Gespräch kamen. Er stand wie unter Schock. Waren dem Theologen August die unbarmherzigen Revoluzzer fremd, diese herzlosen Gesellen? Die aus ihrem Kinderzimmer ausbrachen in die väterliche Stube?

Einmal kam ich höchst begeistert von einer Probe, traf Stein und erzählte. Daraufhin sagte Stein: »Ja ja, der August ist ein schneller Bursche.« Das meinte er freilich über die Maßen positiv. Ja, er war ein guter Lehrer, dessen unerschöpfliche Energie uns Assistenten allerdings umwarf. Sein Tempo war atemberaubend. Nie werde ich vergessen, wie wir nachts an der Übersetzung des »Rückfalls« gefeilt haben und er sich dann – schon sehr spät – in seinem blauen Overall mit aufgenähtem roten AE ans Cembalo setzte und zu präludieren begann. Und Ava schaute rasch um die Ecke! In all den wirren Zeiten fragte ich mich oft, ob das wohl seine geheime Sehnsucht sei: die Sehnsucht nach der Utopie, nach der Harmonie der Musik, dieser höchsten Form.

»Kipphardts Vertrag wird nicht verlängert«, rief mich Ulrich Heisig an, »das hat politische Gründe.« Diese elende Geschichte mit dem »Dra-Dra«-Programmheft! Und die ewig ungeklärte Frage, die der Antwort bedarf: Wie flatterten die gestrichenen Seiten auf den Tisch des damaligen Oberbürgermeisters Vogel? Wer war der Postbote? Das hatte Everding immer bestritten: Er nicht.

Die Ensemblesprecher Lühr, Fuhrmann und ich marschierten zu dritt zum Bürgermeister und baten bei dem Stadtfürsten untertänigst um Gnade für ein Vergehen, das es nicht gegeben hatte. Lühr zitierte Schiller: Geben Sie Gedankenfreiheit! Der Einserjurist blieb prinzipiell. Es war sinnlos. Kipphardt ging und hat lange Jahre diesen Rausschmiß nicht verwunden. Aber hatte er nicht auch vorher gekündigt? So zwangen wir Everding zu einer Ensembleversammlung; ich mußte ihn beim Bühnenverein in Nürnberg anrufen und herbeizitieren. Heinar Kipphardt, dieser Doktor der Psychologie, analysierte in heiligem Zorn Everding wie einen hoch gefährdeten Patienten vor dem versammelten Auditorium. Ich sah Everdings Gesicht. Er sackte in sich zusammen, wie er es oft auch beim Inszenieren tat, zog die Schultern hoch, nahm die Brille ab und schaute grau unter sich. Da tat er mir schrecklich leid.

Es waren auch schreckliche Jahre, diese Aufgeregtheiten, diese besserwisserischen Attitüden, unser schneller Hochmut. Wie viele Verletzungen wurden da von beiden Seiten geübt, und für was? Was war das Ziel? Emanzipation? Macht? Gar Utopie? Übrig blieben bei uns allen Narben, oft schlecht verheilt. Krusten und Schorf. Einmal saß ich einen langen Abend mit Martin Benrath zusammen, und am Ende stellten wir fast erstaunt fest, daß wir beide ja dasselbe vom Theater dachten. Warum konnten wir damals so nicht mit August und der mit uns nicht so reden? War er gar nicht der Vater, als den wir ihn, vaterlos, wollten? Waren wir vielleicht schon zu alt? Und er zu jung für sein schnelles Altern?

Viele zogen dann aus diesem wunderbaren, dem schönsten aller Theater fort. Die Giehse, unvergessene Schwarze Prophetin, stand beschwörend beim Pförtner: Laßt doch dieses Theater nicht im Stich! Sie hatte sicher recht.

Und August machte weiter. Wir alle hatten seine Energie und seinen hellen Witz, seine Intelligenz, sich durchzusetzen und seinen Platz zu behaupten, grotesk unterschätzt. Denke ich zurück, lächle ich ein wenig über diese Zeit, die ja bei uns allen Spuren hinterlassen hat. Es war eine tolle, eine erfüllte Zeit! Dieser August und diese Kammerspiele! Wunderbare Regisseure, der zornige Kortner, der freundliche Schweikart, der väterliche Paul Verhoeven, der aufbrausende Stein und der laute Peymann. Und der grantige Witz von Otto Schenk. Und Giesing, das Kammerspielkind. Und Nagel und Zimmermann und Kipphardt und, und... Mit all diesen habe ich arbeiten können und unendlich viel gelernt. Und bei August, dem Wirbelwind, dem hochbegabten.

ARNO WÜSTENHÖFER

Fritz Kortner, dem gefürchteten Regieberserker, zu assistieren, war eigentlich die Höchststufe für einen Regielehrling an den Münchener Kammerspielen. Sein unnachgiebiger Haß auf das Nachnazinachkriegstheater, auf den schlampigen »Reichskanzleistil«, war für uns Jüngere von der Abteilung »Bubitheater« (Kortner über Stein, Giesing und Konsorten) starker Rückenwind bei unserem Ritt auf den schaumgekrönten Wellen des revolutionären Zeitgeistes.

Aber das alte Genie kam schrecklich daher, aufgebracht und polemisch und stets beleidigend, eine Tortur, dieser stets zornige Mann, der aus der Emigration zurückkam, und geändert hatte sich seit der Zeit, als er fliehen mußte, tatsächlich wenig; Opportunisten überall.

Ich müsse in diese Produktion, der Kortner habe gerade einen Assistenten rausgeschrien, die ganze Sache sei im Verzug, er fürchte, das komme nie raus, also kümmer dich drum, du hast doch sonst immer die Schnauze vorweg. Sagte August Everding und sah besonders verknautscht und bekümmert aus. Herzklopfen bei Kortner, dessen Assistentenverbrauch legendär war, außer August und Stefan Meuschel hatte es kaum einer lange bei ihm ausgehalten, und natürlich Stein. Der alte Knurrhahn schlug sich mit Kleist und dem »Zerbrochnen Krug« herum, fuchtelte in die hellen Verse mit einer unendlichen Flut von Einfällen hinein, verlor so den Rhythmus der Worte und der Bilder. Bis zum Mittag erfand er Situationen und Szenen ohne Ende, die Schauspieler probierten mit engelsgleicher Lammsgeduld, er trieb sie mit solch enormer Rasanz an, daß die beiden Fleißbienen an seiner Seite beidhändig Notizen auf Stapel von Papier krakelten, des Meisters unerschöpflichen Reichtum in dürre Striche, Pfeile, Zeichen zu bannen. Wenn die Schauspieler aus der Mittagspause wieder widerwillig auf die Bühne trödelten, erhob sich des Meisters Zorn von neuem, er repetierte das ganze Vorpausenpensum und ließ nichts mehr von dem gelten, was er kurze Zeit zuvor erfunden hatte. Griesgrämig, die kalte Zigarre kauend und lutschend, verwarf er wieder alles, in tiefem Selbsthaß konnte er sich selbst nicht mehr genügen. Und wir, Charles Lewinsky und ich, des Kortners Arbeitshamster, krickelten und krakelten erneut auf weißem Papier. Der Alte haderte immer mehr mit Kleist, der Termin der Premiere rückte näher, August raufte sich das Haar, Kortner schmiß mich raus und holte mich gleich wieder zurück.

Ich wies ihn dann auf die uns verbleibenden Tage hin und die Anzahl der Seiten in unserem Heftchen und daß es pro Tag nun mehrere Seiten zu erledigen gäbe. Er schaute mich sehr lange und sehr böse an und murrte: »Langsam, langsam, wir haben keine Zeit!« Und daß ich kein Assistent sei, sondern ein geheimer Agent der Intendanz.

Dieser Kleist erblickte leider nie das Scheinwerferlicht einer Premiere, die Proben wurden abgebrochen, die Schauspieler waren erleichtert, das Regiebuch mit lauter getippten Anweisungen vieler Fassungen wurde in den Schrank gepfeffert. Erst viel später war es mir auch von Nutzen, in Wuppertal, unter der Intendanz von Arno Wüstenhöfer. Da hat er mir sehr geholfen, der alte geniale, jüdische Wüterich, der Friedrich.

Lieber Arno,

viele haben Dir vieles zu verdanken, so viele Namen und so viele Lebensläufe und Karrieren. So habe ich Dir auch zu danken, für meine allererste Arbeit an einem richtigen Stadttheater; manche meinen, er läge noch immer da herum, der Kleistsche Krug, in Wuppertal, aber das sind böse Mäuler, die nix, aber auch gar nix vom Theater verstehen, wie wir wissen.

Und das kam so: Irgendwann vor immerhin zwanzig Jahren schleppte mich mein lieber Freund und Bruder im Westbund, Dein Dramaturg Bernd Wilms, in Dein Büro – ihr suchtet händeringend einen Regisseur für den »Krug«. Adam: Gert Voss, Marthe: Ursula von Reibnitz hieß die Devise. Je nun, wer traute sich das? Unübersehbares Gelände!

Ich allerdings war da guten, frischen Mutes, immerhin hatte ich beim großen Fritz Kortner bei eben demselben Werk an den Kammerspielen assistiert. Wegen mancherlei Querelen kam die Sache leider nicht zur Premiere; den Stoff und seine Tücken kannte ich also sattsam, da machte mir keiner was vor. In der Münchner Kantine hatte sich ein junger Regisseur damit gebrüstet, diese Sache da im Wuppertale abgesagt zu haben – ich sauste zum Telefon und bewarb mich beim Bernd: »Habt ihr schon einen? Bis Seite 54 kann ich es sicher gut.« Ab Seite 55 hatte der große Fritz das Buch aus der Hand gelegt.

»Bis dahin kann er es«, sagte der Bernd zu Dir. »Wenn du meinst«, sagtest Du zum Bernd und engagiertest mich für einen Hungerlohn. Das aber waren die Zeiten von Peymann und Neuenfels, Bondy und Wonder, beide damals noch kleine Lichter, und Löschers ersten Laborversuchen. Ja, ich konnte es! Ich habe es tatsächlich bis zu einer Premiere gebracht, wer hätte das je geglaubt! »Alles sehr sehr schön, Herr Flimm, aber eher bißchen brav«, meinte so ein junger Dramaturgenschnösel, der erst kürzlich vom Wuppertaler Provinzblättchen in das Stadttheater hinübergewechselt war: der Laube, der Hosche!

Ich allerdings war sehr froh und wischte mir den Schweiß von der Stirn. Einfach war das nicht, aber was ist schon einfach im Theater?

Und Ullamaus, dieses bewundernswerte Theaterpferd, herrisch im gestreckten Galopp, brachte mir schon früh das Fürchten bei: Ob ich wohl dieser Assistent aus München sei, der sich hier einmal ausprobieren wolle, fragte sie mich auf einem ihrer Feste im Häuschen am Wald, wo ihr morgens schon die Rehe die Brötchen vom Frühstückstisch knabberten.

Angst brach aus, und die war berechtigt. Der Voss ein besonders netter und liebenswürdiger Mensch und die unbarmherzige Reibnitz, dem anfangenden jungen Regisseur viel abverlangend, ein seltsames Paar. Und Ulla brauchte eine Bank und Bernd kam und Balli kam und schließlich kamst auch Du mit schrecklich mildem Ausdruck, und alle wollten eine Bank für Ulla! Und als ich, kortnergeschult, auf eine wundersame Textstelle hinwies: »Nichts seht ihr, die Scherben seht ihr!« und daraus folgerte, daß wohl nur noch Scherben übriggeblieben, und nun gleichsam detektivisch die Krugerzählung zur tatsächlichen Rekonstruktion des Gefäßes auf der Bühne ausdeutete – was wirklich ginge! Aber Ulla mochte das nicht, dieses realistische Gefummel, schließlich habe sie die Rolle schon soundsovielmal gespielt, auch in Hersfeld, und auf den Boden an die Seite setze sie sich sowieso nicht, da sähe ja keiner was, und übrigens brauche sie eine Bank.

Und so saß ich, von dieser Art Mühen des Stadttheaters oft abends tief erschöpft, vor meinem Bier und mit mir der Weinzierl Kurt, dieser tief müde und ausgelaugt von Löscherschen Exerzitien. Einmal, mit unserem Schicksal hadernd, sandten wir ein Telegramm an Barlog nach Berlin: Kennen Sie uns? Weinzierl und Flimm.

Aber die Antwort kannte nur der Wind, der unter der Schwebebahn pfiff. Und die, die kreischte so gottserbärmlich in der Kurve hinter dem Schauspielhaus in Elberfeld, daß man meinte, den Pendelfrederich, die lange Anna und den Gläsernen Amadeus in dulce jubilo ein Chorälchen anstimmen zu hören.

Es war schön damals im Wuppertale bei Dir, Arno, und jung waren wir und Flegel und undankbar, die Dir zu danken haben.

BOY GOBERT

Das letzte Mal, daß wir miteinander telefonierten, war 1986, kurz nach der unglaublichen Katastrophe von Tschernobyl. Er stand wohl in seinem Garten in einem Wiener Weinberg und pflanzte Erdbeeren. Und war sehr fröhlich in unserem Gespräch. Er lachte meine Sorgen aus, es ging ihm eben sehr gut. Die Berliner hatten ihn schändlich behandelt, ihn hinausgebeten auf rüde Weise, und nun war er nach Wien zurückgekehrt.

Er hatte mir noch kurz zuvor sein neues Theater gezeigt, die »Josefstadt«. Stolz ließ er sich hinter Max Reinhardts Schreibtisch nieder: Ob ich nicht in Salzburg bei den Festspielen arbeiten wolle. Zu der Zeit war der Josefstädter Direktor jeweils auch der Salzburger Schauspielchef. »Bauer als Millionär«? Mit Otto Schenk? Und ob ich wollte! Diese Aufführung sah dann der berühmte Dirigent Nikolaus Harnoncourt, welcher mir darauf nun »Così fan tutte« für Amsterdam anbot – siehe dort. All diese Geschehnisse kommen mir so lange her vor, daß sie mir zunehmend fremd und unwirklich sind, sehr passati diese tempi. Wie sang aber doch im »Bauern« die liebreizende Julia Stemberger als Jugend: »Brüderlein fein, zärtlich muß geschieden sein. Denk manchmal an mich zurück, schimpf nicht auf der Jugend Glück! Drum Brüderlein fein, schlag zum Abschied ein!«

DER LIEBHABER

Ich kam ziemlich spät nach Hause. Wir hatten uns bis tief in die Nacht die Köpfe heißgeredet über die Nachfolge Everdings an den Münchener Kammerspielen. Meine kleine Tochter Susanne stolperte mir schlaftrunken entgegen, ein Herr Lobel oder so habe angerufen. Am frühen Morgen meldete sich ein Herr mit tiefer, bedeutender Stimme und meinte, sein Name sei Gobert und er wisse nicht, ob ich ihn kenne.

Und ob ich ihn kannte. Er hatte gerade das Thalia-Theater in Hamburg übernommen und galt in unseren Kreisen soviel wie der Gottseibeiuns im Nonnenkloster. Letzter Hort der bürgerlichen Restauration schien uns dieses Haus am Alstertor, was sollte ich bloß mit ihm anfangen? Er kam nach München, und wir trafen uns im »Roma« und quatschten die halbe Nacht lang übers Theater und den Rest der Welt, und es wurde immer später und immer lustiger, und der Mann gefiel mir. Ein paar Tage später bekam ich einen Brief, und der Gralshüter der heilen Theaterwelt bot so einem wie mir, der vergeblich bei August & Co. um eine Inszenierung eingekommen war, eine Regie im hohen Norden an. Im Dezember 1971 hatten wir Premiere im Thalia, nachts um elf mit Rainer Werner Fassbinders »Bremer Freiheit«. Das Stück hatte Herr Gobert mir vorgeschlagen. Was war das für ein merkwürdiger Intendant, der jemandem sein Theater zur Verfügung stellte, bloß weil er einen lustigen Abend hinter sich hatte!

Professor Raeck hatte ihn nach Hamburg empfohlen; er kam an das Thalia schnurstracks aus der heilen Welt des Wiener Burgtheaters, dieser Tempel der höheren Bühnenweihen, und geriet unversehens mitten hinein in die heftigen Debatten der späten sechziger Jahre; er hat mir einmal seine Ratlosigkeit beschrieben, er konnte das alles nicht verstehen: Durch den Marmor und den Stuck der ehrwürdigen Burg war der aufrührerische Lärm aus dem Altreich noch nicht gedrungen. Er, der gefeierte Wiener Schauspieler aus Hamburg, mußte erst mühsam dieses sich so radikal politisch aufführende Theater buchstabieren und lesen lernen. Erfahren konnte er es ja nicht mehr, er war zu lange weg gewesen, tu felix austria.

Aber neugierig war er geworden und hatte sie alle angeschrieben, die damals in den Hitlisten der hohen Feuilletons ganz oben standen, wenige haben geantwortet, viele bewahrten sich ihr liebes Vorurteil: Hohe politische und ästhetische Ansprüche aufzustellen, die nur wenige erfüllen mochten und konnten, war ein beliebtes Spiel schlauer Zeitgeister und in den letzten Jahren der politischen Debatten immer wieder ein heißer Punkt auf der Tagesordnung der Theaterdiskussion.

Wie aber diese Ziele erreichen? Gobert wurde mißtrauisch. Er sah den Unterschied zu seiner Art des Theaters nicht, und oft genug kamen die Kategorien auch in die schändlichste Verwirrung. Was ihn von vielen Kollegen jener Jahre unterschied, war doch, daß er sein Theater immer aus seinem eigentlichen Zentrum heraus begriff. Gobert sah und beschrieb seine Arbeit als Intendant immer aus seiner Perspektive des Schauspielers, und Schauspieler blieb er auch bis an das plötzliche Ende seines Lebens.

Diese eindeutige Sicht auf den Beruf hat ihn auch für die vielen Kritiker und Regisseure so angreifbar gemacht: Der Schauspieler ist nichts ohne den Widerpart des Publikums. Diese Leute aufgereiht jeden Abend zu erobern, ihre Zuneigung zu gewinnen – diese Auseinandersetzung zu bestehen, war das unbedingte Ziel von Boy Gobert; Überbau und Brechtsche Kommentare, die dritte Sache, waren ihm da oft Hekuba. All die modernen Theaterdirektoren, ob es neunmalkluge Eierköpfe oder bramarbasierende Spielvögte waren, arbeiteten doch weit außen an den Rändern des Bezirks. Sie haben zumeist ihre Arbeit eben beendet, wenn der lange und mühsame Weg der Schauspieler zu den Zuschauern beginnt. Wieviel Fleiß und Zähigkeit müssen Schauspieler dafür immer wieder aufbringen.

Diesen Weg kannte Gobert zu genau, zu oft war er gestolpert und gefallen, er kannte den hohen Preis für Bravos und Applaus. Alle, die sich über ihn das Maul zerrissen und die Federn stumpfgeschrieben haben, haben meist diese wesentliche Befindlichkeit seiner Seele übersehen und vergessen: Wenn er ungläubig die Gazetten las und das Gerede hörte, verstand er die Theaterwelt nicht mehr. Ihm mußte es um die Zuschauer gehen, warum um Thalias willen verstand das so selten jemand!

Und doch war er neugierig geworden, auch er reihte sich ein in den Pilgerzug zum Halleschen Ufer, war dort doch seine

Losung, Kunst und Kasse zu versöhnen, auf eine für ihn unverständliche Weise vollzogen worden. Einmal kam er zu spät, sie ließen ihn nicht mehr hinein, seine Karte war verkauft. Er stand vor der Tür. In einer unserer heftigen Auseinandersetzungen hat er mich einmal angeschrien, daß die Schaubühne so einen wie ihn ja nicht wolle, also mache er es halt so, wie er es mache. Oft hielt ich ihm seine politische Abstinenz auf dem Theater vor, seine autoritären Anwandlungen, aber was waren das für alberne Auseinandersetzungen, und später schämte ich mich dafür. Als ich in Köln meine ersten Hiebe als Intendant einstecken mußte, habe ich ihn besser verstanden, seine Ratlosigkeit, seine Hilflosigkeit, seine heftigen Reaktionen. Und ich habe es ihm auch geschrieben.

Er konnte nur sein Theater machen; wir besserwisserischen Geisterreiter auf den Wellenkämmen des Zeitgeistes wollten dies nicht erlauben. Er aber ließ uns unser Theater machen, und obwohl er meine Aufführungen nicht immer mochte und die von Hans Neuenfels und Hollmann auch nicht immer oder die von Gerd Heinz und Dieter Giesing und von Peter Zadek. Trotzdem hielt er uns aus und hielt zu uns und zu den vielen anderen, die bei ihm waren. Er ließ uns arbeiten, besser als viele andere Intendanten. Ich habe ihm viel zu verdanken, von der ersten Begegnung damals auf der Maximilianstraße bis heute; ich kann mich nicht beklagen. Ich werde ihn schmerzlich vermissen, armer Yorick.

Boy. Der Name schien mir immer gut zu ihm zu passen. Hinter all dem vornehmen Gehabe, dem, was diese Hanseaten hier so lieben, hinter den hohen Kragen und dem feinen Tuch verbarg sich eine unsichere und fast kindliche Seele.

Ein Junge war er für uns, seine Freunde, immer geblieben, mit einer fast traurig stimmenden, unstillbaren Sehnsucht nach Zuneigung und Anerkennung, nach Nähe und Liebe. Das war ja nicht der Oberintendant, der Senatorensohn oder gar der Rampentiger, den viele von uns so gern hatten und liebten, sondern dieser alberne und witzige Bengel, der so komisch sein konnte, der so schöne Geschichten erzählen konnte, der für mich immer da war, wenn ich in Not und Schwierigkeiten war.

Aber da war auch die Verletzbarkeit des Liebhabers, der mit offenem Herzen und weit ausgebreiteten Armen auf die anderen zuging und dann langsam ernüchtert irgendwann merkte, daß seine Arme leer waren. Darunter hat er am meisten gelitten, darüber ist er auch schroff und ungerecht geworden, hochfahrend und abweisend. Der Zynismus, der sonst vielen Theaterleuten über diese Enttäuschungen hinweghilft, wollte ihm nie so recht gelingen. Er zog sich zurück, war oft allein; irgendwo zu Hause sein!

Sie sollen ihn nun alle in Ruhe lassen. Er soll jetzt da bleiben, wo so viele Theaterleute hinkommen, dort, wo ihnen allein die Kränze geflochten werden, in den Geschichten und unzähligen Anekdoten: als wir damals als der Boy meine Güte haben wir da gelacht als der Landeshauptmann ihn immer wieder mit Bob Gobert anredete.

Und als er diese vielen flotten Filme in den wilden goldenen Fuffzigern drehte, einen nach dem anderen, ging er als allererstes immer zum Script und fragte klammheimlich: Stottert hier schon einer?

So einer war das, der Boy. Und wie er den Luc Bondy engagierte, der ihm lockenzwirbelnd in einer Zürcher Wohnung einen Marceauschen Schmetterling vortanzte! So viele Geschichten, so bleibt er bei uns.

Als er mich vor einigen Wochen im Thalia besuchte, das ja mehr als irgendein anderes sein Theater war – es war das erste und letzte Mal, seit er Hamburg verlassen hatte –, saßen wir in seinem Büro auf meinem Sofa und quatschten uns den Frust über die Ungerechtigkeiten der Welt von der Seele, besonders über jenen kleinen bewohnbaren Teil, der mal wieder von unfähigen Kulturpolitikern, undankbaren Kollegen und mißgünstigen Kritikern bevölkert wird.

Am Schluß jedoch hatten wir die ganze Sache wieder im Griff und waren fröhlich, wie wir immer waren. Wir gingen die Treppen hinunter und stahlen uns leise auf die Bühne, auf der er Triumphe gefeiert hatte. Scheu stand der Boy beim Inspizienten und linste um die Ecke, wo ein überaus dynamischer Regisseur gerade Schauspieler über eine Schräge quasselte. Schnell machte er auf Zehenspitzen kehrt, wir schlichen hinaus, beim Pförtner vorbei, er steckte die Hände in die Taschen des Regenmantels und schob um die Ecke, die lange Nase im Wind, das flache Kinn trutzig nach vorn gereckt. Boys Panthergang, haben wir oft gewitzelt. Ein paar Bühnenarbeiter kamen gerade von einem Transport zurück und lachten ungläubig: War das der Boy? Ja, das war der Boy.

PETER STEIN / KARL-ERNST HERRMANN

Natürlich ist er einer der besten deutschen Regisseure nach dem wütenden Kortner, er und Peter Zadek. Dieser kam allerdings aus London und hat seinen Ursprung nie verleugnen können. Stein war in den frühen Jahren seiner Schaubühne wohl in einem Atemzug mit Ariane Mnouchkine und mit Patrice Chéreau zu nennen, alle drei bedeutende Gründer und Wegbereiter neuer Formen. Stein hatte in München studiert und dachte anfangs nicht im Traum daran, ans Theater zu spazieren, allerdings spielte er an der Münchner Studentenbühne damals einen wichtigen Leithammel. Seinem Freund Dieter Giesing hatte er schließlich ein Engagement als Dramaturgieassistent an den Kammerspielen in München zu verdanken. Lange allerdings hielt er sich mit kleinen Lektoraten über unnütze Stücke nicht auf, er hockte sich auf die Proben, wurde Assistent von Everding und Schweikart, half hier und da anderen aus ihren Nöten und schaffte sich bald selber eine eigene Sache heran: Er inszenierte in einem Bühnenbild von Jürgen Rose »Gerettet« von einem ganz frischen Radikalen aus London, von Edward Bond. Mit einem Paukenschlag richtete sich das Interesse auf eine neue Generation! Diese hatte es allerdings wahrlich nicht leicht, Stein fiel das ein oder andere Mal gefährlich auf die Schnauze; ob er in München über Waffen für den Vietkong stolperte, in Bremen nach einer sorgfältigen »Kabale und Liebe«, mit »Tasso« für Furore sorgte, aus Zürich wegen kommunistenverdächtigem Fortschrittsfanatismus vertrieben wurde, überall wehrte sich das theatralische Establishment gegen solche Art Aufmüpfigkeit. In Bremen lernte er auch den Bühnenbildner Karl-Ernst Herrmann kennen, der dort bei Minks gelernt hatte.

Nach dem großen Erfolg von »Gerettet« in München schlug ihm Everding vor, bei Kortner zu assistieren, sozusagen als letzter Schliff. Stein willigte widerwillig ein. Sie konnten sich nicht leiden, der alte Quälgeist und die junge Arroganz. »Fräulein Julie« stand auf dem Probenplan, mit der schönen Ingrid Andree, Carla Hagen, Kortners berühmter Marie aus »Was ihr wollt«, und Rolf Boysen. Kortner roch den jungen Konkurrenten und dessen enorme Begabung und ärgerte ihn, wo er konnte; da gibt es Geschichten zuhauf. Er solle doch einmal ein Messer besorgen, herrschte der Meister den Lehrling an, ob er nicht merke, daß da eins fehle? Stein schob sich durch die Reihen und eilte zu den Herren Stoschek und Gattinger in die berühmte Requisite, kehrte alsbald zurück und legte dem alten Herrn vor. Der erwartete Ausbruch ließ nicht auf sich warten, der alte Fritz lamentierte über die Messer im allgemeinen und die Kammerspiele als besonders verkommenes Institut wegen messermäßiger Unfähigkeit, dann geriet Stein in den Wasserfall der endlosen Suada, blanke Ahnungslosigkeit zeichne diesen aus, nicht ein Hauch von Anteilnahme an seiner doch wirklich schwierigen Arbeit sei zu erkennen, das sähe man an solch einem so unbrauchbaren wie nutzlosen Messer doch zu deutlich, ob er nun vielleicht das Städtische Messerbeschaffungsamt zu Hilfe rufen müsse und derlei Tiraden mehr.

Stein allerdings blieb kühl und sehr protestantisch, seine linke Hand, bislang hinter seinem Rücken verborgen, schoß nun nach vorn, und darin hielt er so an die fünfzehn verschiedenartigste Messer. Er streute sie mit einem höchst eleganten Wurf so laut scheppernd auf des Meisters Pult, daß das Stövchen mit Kaffee wackelte, die Inspizientin Katja Nigg geradezu erschrak. Welches möchte es wohl sein, der Herr? Diese Dreistigkeit machte den genialen Schwadroneur sprachlos, Stein stieg wieder in die zweite Reihe hinter einen sehr krummen Rücken. Ohrenzeugen, die von dieser Geschichte erzählen, wollen gehört haben, wie er »Das hat gesessen, alter Sack!« vor sich hingeknarzt habe.

Wahrscheinlich ist diese ganze Geschichte heillos übertrieben oder vielleicht gar nicht wahr. Aber zumindest gut erfunden. Verehrt hat Stein den Alten schon; so wie wir alle.

DAS TRAUMPAAR

Eine frühe Fotografie ging mir eine Zeitlang nicht aus dem Sinn: Man sieht zwei junge Männer – mit langen, dunklen Zöpfen fast biedermeierlich anzuschauen, dabei war jene Zeit alles andere als biedermeierlich –, zwei junge Männer also, mit Dreitagebärten und dunklen Pullis und Jeans fast ein bißchen revoluzzerhaft anzuschauen, dabei war jene Zeit alles andere als revolutionär, eher eine Zeit der grundsätzlichen Formulierungen langgehegter Erwartungen. Diese beiden jungen Männer also lehnen an einer hölzernen Bande – vielleicht eine jener leider notwendigen Grenzen der bunten Gynt-Welten – und äugen, gespannt vorgebeugt, der eine mit offenem Maul, der andere durch runde, getönte Gläser blinzelnd, irgendwohin. Wohin? Das Ziel der Aufmerksamkeit ist dem geneigten Betrachter leider verborgen. Spekulation greift Raum: Klappt da vielleicht gerade eine große Sphinx aus dem Boden? Mümmelt da vielleicht ein alter grauer Mann an einer alten Zwiebel? Oder entzündet sich vielleicht gerade knallend eine gehörige Portion Magnesium zur Schlußapotheose eines Weltendramas, boy met girl again? Gemeinsam ist beiden jedenfalls eine Haltung höchster Erwartung oder gar bester Hoffnung, daß da in aller Kürze etwas durchaus Außerordentliches geschehen soll. Sicherlich wird ein ungewöhnlicher, radikaler Wunsch ans Theater in Erfüllung gehen, soll sich wohl in naher Zeit eine neue Sache, anders als die bisherige, entfalten.

So eine neue, andere Sache, die der Neuen Schaubühne am Halleschen Ufer, ist ausgiebig beschrieben, analysiert und kritisiert worden, in Peter Idens Buch oder in Ivan Nagels Rede zu Steins Goethe-Preis, die freilich auch elegantissimo einige der haarigen Widersprüche der schauerlichen und schönen Zeiten im Jahre des Zorns '68 an der Maximilianstraße verschleift. Neue, schürfende Perspektiven will ich nicht liefern, ich möchte mich vielmehr dem hemmungslosen Lob ganz hingeben.

Ausgezeichnet werden sollen also zwei längst Berühmte, Gerühmte, Ausgezeichnete, die Herren Stein und Herrmann, deren Besonderheiten keinerlei Hinweise und Förderungen mehr bedürfen. Ausgezeichnet wird ein einzigartiges Kollektiv, ein unverwechselbares Traumpaar, ein winning team, das den Rest der beiden (!) deutschen Theater-Republiken nachhaltig beeinflußt und verändert hat wie kaum ein anderes zuvor. Freilich sollte man in diesen Zusammenhängen auch Jürgen Fehling und Traugott Müller und Peter Zadek und Wilfried Minks nicht vergessen.

Eine kleine Fußnote nebenbei für berufsmäßige Theatergenealogen: Herrmann kam aus diesem Bremer Theater, und der fabelhafte, legendäre »Tasso« war nicht ganz frei vom Zadekschen Gezappel in Minks' eklektischem Bild – unter all dem grummelte sehr wohl der alte Haß des Fritz Kortner! Und dahinter aber Steins Wut!

Dieser Berliner Preis lobt also die gemeinsame grundlegende Formulierung der beiden Theatermacher, wobei meist im besten Sinne dieser äußerst vielfältigen Sache Theater am Ende Urheber nicht mehr so einfach auszudeuten sind. Und dem ist auch gut so! Ich weiß, wie weit Herrmann den traditionellen Grenzbereich der Bühnenbildnerei überschreiten kann, wie er mit präzisen Bildmomenten in die Aufführungen lenkend einzugreifen vermag. Daß er nun selber mit Frau Ursel gemeinsam inszeniert, mag als Ausweis solcher wechselhaften Verhältnisse in der Produktion gelten.

Schön waren die Aufführungen und Bilder der beiden Geehrten zumeist, auch in den kargen bundesrepublikanischen Ausschnitten der Straußschen Stücke. Als ob da etwas Altmodisches hinübergerettet werden müßte: Die Landschaften und Malereien des »Peer Gynt«, pingelige Zitate verwehter Träume, die dunklen Beichtstühle und der lastende Himmel der Ingolstädter Provinz; der schmale, helle Streifen, Friedrichscher Horizont des »Homburg«; die hohe weiße Halle, das frappierende Labyrinth, die plötzliche Weite, die Vexierspiele des märchenhaften Ardennerwaldes...

Wohne ich der einen oder anderen Herrmann/Steinschen Veranstaltung bei, überfällt mich dann und wann eine jähe und tiefe Depression: zuletzt bei den »Drei Schwestern«, früher einmal beim »Fegefeuer«. Da greif ich im Geiste in meine Rocktasche und ziehe gleichsam meine zelluloidverlötete Regielizenz heraus, um sie eilends an einem hohen Schalter einem finsteren Beamten des theatralischen Aufsichtswesens abzugeben. So gut find *ich* die beiden! So klug und frei sind diese Arbeiten gewesen, daß selbst einem wie mir, der einen gewissen Einblick für sich in Anspruch nehmen kann, so manches Mal die Spucke wegblieb. So weiß ich nicht, wie der Stein dieses erste Bild vom »Haarigen Affen« hingekriegt hat. Schleierhaft: arge Depression!

Wenn ein Film so richtig gut ist, zieht er auch den kundigen Beschauer trefflich mit sich fort, man vergißt Einstellungen und Schnitte; und so ging's mir oft bei diesen beiden Meistern. Und das sind sie!

Das sei aber nichts Besonderes, sagte einmal der Stadttheatervater Doll, daß der Stein so ein toller Regisseur sei; habe er ja auch diese tollen Bedingungen in Berlin, und das sei eben das ganz Tolle, das habe der Stein eben allen anderen voraus, der sei nämlich – und das schließt den Herrmann ja mit ein – ein Gründer! Da hat er einmal recht, der Doll. Leicht niedergeschlagen, was bei ihm oft etwas kindhaft Fröhliches hat, gestand mir einmal Luc Bondy seine Schwierigkeiten mit der Schaubühnenleitungsarbeit. Aber höchstwahrscheinlich kannst du das auch nicht, rief er verzweifelt zwirbelnd aus! Du kannst auch genausowenig Nachfolger am Piccolo in Milano, in Nanterre, in Vincennes, in Villeurbanne oder gar im Bouffes du Nord werden! Alles Gründer, alles große MeisterInnen. Und da hat er auch einmal recht, der Luc.

Ich male mir manchmal aus, was wohl geworden wäre, hätte irgend jemand, vielleicht einer der vielen Vorstände, es irgendwie geschafft, den Stein an den Münchener Kammerspielen zu halten. Ich male mir manchmal aus, was wohl geworden wäre, wäre Stein Everdings Nachfolger geworden. Si si, tempi passati, sentimentaler Blick zurück auf die verpaßten Chancen, auf unnötige Wege, auf eine Jugend und ihren Zorn, auf verstörende Ausgrenzungen.

Die Mühen der Ebene finden kein Ende, neue Berge sind leider nicht in Sicht, allenfalls die eine oder andere kärgliche Wanderdüne ist zu beklagen. Aber viele Bilder bleiben doch im Langzeitkopf, die heute wieder fröhlich stimmen: der Zug der Kammerspiele zum alten Botanischen Garten. »Auf! Gegen die Notstandsgesetze!« Everding und Lühr, Nicklisch und Giehse und Stein an der Spitze! Oder: Stein auf den Schultern eines langen Schauspielers reitend, das Megaphon über die Köpfe schwingend, die Mitteilung absetzend, daß nun vor der Tür des Werkraumtheaters für den Vietkong gesammelt würde... Tempi passati: Aber wenn sie im hohen Alter doch noch einmal mit Macht über uns käme, die Lust, über alles lange und ausführlich zu schwadronieren, wieder einmal über die Neugier und die Grundlagen zu streiten! Das schöne Geschwätz von gestern: So viele Antworten sind nun wahrlich nicht gefunden worden, daß alle Fragen aufgebraucht wären! Und wieder einmal neue Fragen stellen, die nicht durch unsere Antworten von gestern beleidigt werden! Neue Zeichen und Bilder aufdecken, die nicht mit abgeblätterter Patina elegant auf vergilbte Verdienste hinwiesen! Die oft beredete Krise ist freilich sicherer Bestand unserer fortdauernden Arbeit.

Aber: Haben wir den schleichenden Verlust der alten Hoffnungen in den vergangenen Jahren nur nicht mehr genau genug bemerkt? Oder gar doch die Augen niedergeschlagen, die Hände verschränkt? Haben uns kurzatmige Proteste von der schneckengleichen langsamen Gewöhnung abgelenkt? Manchmal scheint es mir so, daß die Proteste schwächer werden, wie die Anlässe wichtiger. Haben wir genug aufgemuckt in den kostbaren Gehäusen?

Vom Münchner Rausschmiß, an dem nicht nur der einbeinige Oberdrache im ersten Stock Schuld hatte, blieb nur eine Herrmannsche hölzerne Landschaft übrig, helle Wellen, sanfte Täler und Hügel, Ort für die niederbayerischen Jagdszenen. Diese Gegend veränderte sich doch bald. Flugs wurde sie in braunes Papier verpackt, und dann trafen sich dort zum abendlichen Getümmel und Geheul die großen Wölfe des Harald Mueller und des Claus Peymann.

Im lauten Streit jener bayerischen Tage um Sinn und Form, der bald zum bösen und unnachsichtigen Kampf der anderen Seite um Positionen und Posten geriet, wurden bittere Verletzungen ausgeteilt. Aber, so spricht der Dichter, welche Wunde vernarbte nicht der Mensch! Aus all dem entstand freilich Wut, Trotz und harter Ehrgeiz, der die bekannte Bewegung enorm in Gang setzte. Dem »Bubitheater«, wie Kortner über die jugendlichen Aktivitäten an den Kammerspielen höhnte, war schnell ein Ende bereitet. Stein war arbeitslos, die meisten von uns gingen schlechten Gewissens zur Tagesordnung über, das Theater nahm so seinen Lauf: Einer war halt draußen, die anderen noch drinnen.

Aber dann fuhr ein jäher Schock in die Stadttheaterhirne! Herrje, da wurde ja auf einmal Ernst gemacht, war doch nicht alles bloß Rumor und Geschwätz gewesen! Jesusmaria! Das gab gelbe Augen und lange Hälse hinter den Staketenzäunen der Stadttheater, bittere Verwünschungen zwischen zusammengebissenen Zähnen... Da kam nicht nur Freude auf: Nein, die machten ja tatsächlich – da in Berlin, an der Schaubühne – alle unterdrückten Träume wahr: Lassen sich von den Herren Weiffenbach, Schitthelm, Sturm und dem Senat, von dem man doch nicht genau wußte, ob er nicht doch irgendwie zum Lager der Klassenfeinde gehörte, nicht wahr, ein Theater schenken. Wieso die da oben und nicht wir hier unten im Dikkicht der Abonnenten? Warum sollten wir uns denn weiter an allen Ecken und Kanten der vermaledeiten Stadttheater die Ellenbogen blutig stoßen?

Und Panik brach aus, Gedrängel entstand! Nur wenige waren auserwählt, am Halleschen Ufer zu landen, wehe den Zurückgebliebenen!

Aber das gute alte Stadttheater besann sich und nahm sich ein Beispiel, schnitt sich Scheiben ab! In Frankfurt, Hamburg, Köln, ja sogar beim Renegaten in Stuttgart gab's erfolgreiche Nester, neue Kader wurden ausgebildet, neue Türen taten sich auf, neue Formen, neuer Umgang in und mit den altehrwürdigen Instituten; allerdings auch nicht immer zu deren Heil und Frommen.

Herrmanns Bilder, Steins Inszenierungen begannen aufs strahlendste auf die anderen Gehäuse abzufärben, es kam bald zum Austausch von Regisseuren, Bühnenbildnern, Schauspielern: Die grundsätzliche Debatte in Berlin um Geschichte und Gattung wurde Beispiel für viele. Herrmanns Plakate hingen in allen Theatern und allen WGs, heimliche Symbole der siebziger Theaterjahre: So ein Ritt über den Bodensee! Und nun? Rettendes Ufer endlich erreicht? Die Antwort darf getrost bezweifelt werden! Vielleicht ist das Eis lediglich ein bißchen dicker geworden.

Aber von einem zweiten, schrecklichen Schock ist zu berichten: Ich rede vom »Peer Gynt«! Nicht, daß diese Sache der beiden Hochzuehrenden, Auszuzeichnenden so besonders gut gelungen war, war so schreckhaft schockierend; nicht, daß dieses Institut mit dem leicht arroganten Gehabe tatsächlich so gut war, wie die von sich dachten, war das Problem; nein, viele Betrachter, so auch ich, taumelten in eine ganz andere Krise: Beim schwarzweißen Karo des sozialen Gestus! Beim heiligen Organon! Was waren denn das nun wieder für Sachen! Da wurden liebgewordene Muster so aus den Köpfen gepustet, daß mir ganz schwindlig wurde! Das machte ja geradezu Spaß beim Zuschauen!

Im Nu verschwand das fortdauernde schlechte Gewissen. War nicht der Hanswurst schon vor geraumer Zeit unter Anleitung gewisser ostzonaler Theoretiker verbrannt worden? Und jetzt, schwups, war er wieder auferstanden – in aller Gyntscher Pracht! Deshalb sind mir der Stein und der Herrmann lieb und teuer: Sie haben mir in dieser wohlfeilen Zeit der Jammertäler und Seufzerbrücken wieder auf die theatralischen Beine geholfen. Und nicht nur mir Mut gemacht!

Sicherlich waren da auch die vielen wunderbaren Schauspieler, die Lampe und der Ganz, die Bickel, der Fischer, und Botho Strauß. Aber Jesus! Einen Verfolger einzusetzen, dies perfide Gerät pointierter Operettenstrategie! Schauspieler als Affen, wo sie ja nicht einmal Papageien sein durften! Mein lieber B.B.! Es durfte also Spaß machen *und* intelligent zugleich sein? Politisch genau gedacht *und* auch weit und wild gespielt?

Und dann dieses Ende der langen Reise, zurück in die heimatliche, geborgene Provinz: das vermessene Tal und das vergilbte reproduzierbare Bild; Verluste, nie zu ertragen.

Also, ein Erweckungserlebnis im Zeitalter der staubigen Graugänse und schneidezähnigen Brechtmäuse.

Verstört enteilen wir, ein jeglicher in seine Stadt. Wie waren die da in Berlin wieder einmal weit außen herum gegangen, während wir in unseren engen Institutionen vor lauter Gerenne und Überdruck Nasenbluten bekamen. Einen ähnlichen Schock bereitete mir wenig später der Grüber mit seinen »Bacchen«.

Wir Stadttheaterindianer haben von den beiden hier gelernt, und konsequent haben sich so die schlaue Schaubühne und unsere braven Institute aufeinander zu bewegt. Der Umzug in den Mendelssohnbau markiert den point of a certain return. Dies aber ist kein Grund, zu zetern und Auweh zu schreien!

Aber: Kann denn das immer weitergehen? Ständig über neue Eisflächen gleiten? Immer neue Ufer, auch weit entfernte, anpeilen, Untiefen und Sandbänke hinter sich lassend? Schwer, schwerlich. Und dann heißt es immer: kein Wunder, das Chaos sei ja aufgebraucht! Wenn es bloß einmal eines war! Und nicht nur ein wenig Unordnung und rasch aufgewirbelter Staub, vielleicht verursacht durch allzu eiliges Stühlerücken in den Kinderzimmern der elterlichen Wohnungen! Ja, kann man immer weiter ausholen? Ohne gegen schwarze Schatten zu boxen?

Machen wir uns nichts vor: In dieser Gesellschaft werden wir immer altmodischer werden, unsere Theater letzte Reservate unkontrollierbarer gemeinsamer Erfahrungen am ereignisreichen Abend. Wie ein uraltes Relikt aus exotischen Zeiten werden sie – einem Mammut gleich – in den ungastlichen Städten stehen, durch die nichts mehr hindurchgehen wird als der nächtliche Wind, leere Räume, in denen wir mit Gegenwelten spielen, mit Spottgeburten aus Dreck und Feuer.

Die beiden jungen Männer auf der anfangs beschriebenen Fotografie haben sich die Zöpfe längst abgeschnitten. Sie haben die gemeinsame Bande zeitweilig verlassen, aber der gemeinsamen Sache nicht den Rücken gekehrt, wie wir dankbar wissen! Kein Abschied für immer, forever young. Da steckt zuviel Zeit in dem Zimmer, zuviel Erfolg, auch zuviel Trauer.

Ich weiß, ich ahne, was die beiden so gespannt beobachtet haben: Einmal ist einer durch das Glas gegangen, er war ein bißchen außer sich und hatte sich an seiner Liebe zu diesem Theater verletzt. Ich habe ihn sehr gut verstanden.

LUC BONDY

Qu'est-ce qu'il fait, le metteur en scène? Als ich 1989 wieder mal meinem alten Copain – als solchen hatte Luc im Salzburger Toscaninihof mich einmal seinen kleinen Jungens vorgestellt – hinterherreiste, ging es nach Brüssel zur »L'incoronatione di Poppea« mit einer schönen Catherine Malfitano als kaiserlicher Kebse.

Auf dem Platz vor der »Monnaie« fläzte sich in herbstlicher Sonne die halbe Schaubühne, deren Direktor Bondy zu dieser Zeit noch war. Bruno Ganz und Udo Samel führten das Wort, wie sehr sie ihrem Leibregisseur einen solchen Ausflug in die Opernwelt gönnten und so weiter und so fort. Bald danach hatte der desillusionierte Bondy die Leitung der Schaubühne niedergelegt.

Auf der Bühne des »Monnaie«-Theaters becirtce die hinreißende Malfitano einen polnischen Nero, daß es eine Pracht war, und alle waren es zufrieden. In der Pause gab die belgische Königin einen Empfang, brave Opernkünstler machten ihre Aufwartung. Als Monsieur Bondy vorgestellt wurde, fragte die hohe Fabiola ziemlich überrascht, was ein Regisseur denn so mache mit den Sängern, bei einer Oper, wo man doch bloß sänge und auf den Maestro im Graben schaue? Luc war ganz platt und bleich und schnappte nach Luft: Les mouvements, Madame, les mouvements! Als dann die Lichter im Saal wieder erloschen und Ottone sich über die süße Drusilla schob, ihr den Busen entblößte und behende zwischen die Beine griff, da lehnte sich Lil, Lucs witzige Mutter, zu mir herüber und flüsterte, daß die Hoheit nun wohl verstanden habe, was ein Regisseur so mache. Selbstverständlich wurde es ein großer Erfolg und alle waren guter Laune, und es wurde eine lange Nacht. Frau Malfitano sang später in »Der ferne Klang« an der Wiener Staatsoper die Grete, ihr Partner war Thomas Moser. Wir begeisterten mit diesem Schreker. Beim jubelnden Applaus rettete mir Catherine mit beherztem Zugriff höchstwahrscheinlich das Leben.

DER SOHN DES GLÜCKS

Es war wieder einmal eine jener unsäglich langen Nächte, an deren Morgen man wie mit einem alten Scheuerlappen im Maul aufwacht und allem Nikotin und Alkohol ein für allemal sehr abrupt abschwört: Ich trank in einer dieser finsteren Berliner Kneipen, die nie schließen, bis sie einen endlich doch in den hellen Morgen rülpsen, den der brave Bürgersmann eilenden Schrittes schon ausmißt. Und die Vögel singen sowieso, was sie wollen.

Vor mir hockten mit ihren sanften Freundinnen zwei radikale junge Regisseure, die wild rauhe Mengen Bieres in sich hineinschütteten und unerbittliche Mitteilungen an mich mit gnadenlosen amerikanischen Kürzeln aufpolsterten: iffjuhnauwottamiehn, eh! Ich kriegte gehörig die Hucke voll: Ich sei ein alter Arsch & Sack, der eben genau so ein alter Arsch & Sack sei wie die anderen Ärsche & Säcke, die auf ihren überbezahlten und dreckigen Sesseln außer Fürzen sowieso nix hochbrächten, eh, gatt mieh? Vernünfteleien meinerseits wurden mit hohnlachendem Gegröhle und leichten Handgreiflichkeiten, die Knöpfe vom Hemd sprengten, entgegnet. Und mitten in diesem sturzbetrunkenen Gewühle und Geschrei saß milde lächelnd eine Theatermatrone; verständnisinnig beugte sie sich mir behäbig zu und schwäbelte melodiös, daß diese wilden jungen Menschen schon ein bissele recht hätten, die hätten es doch heut besonders viel schwärer als mir damals, als du und der Luc, gell?

Einen Moment lang stierte ich durch diese staubige Kneipe auf all die jungen und alten Wachsfiguren, die sich nun schon seit Jahrzehnten an den bleichen Händen halten und nächtens dröhnend das gute alte Stadttheater umstürzen, um es morgens wieder flugs aufzurichten. In jenem Moment benebelter Schwäche gab ich der Dicken recht, schlechtes Gewissen verschlug mir die Stimme. Während ich nun am nächsten Morgen einen Vortrag über das deutsche Theater der Jetztzeit herunterstotterte, erblickte ich liebe, bekannte Gesichter, die bei mir mehr als gemischte Gefühle hervorrufen: Die Zeit des Theatertreffens war wieder einmal gekommen. Nein! schoß es mir da durch den Kopf. Sie hat nicht recht gehabt gestern nacht in dem verräucherten Panoptikum. Es war ein bös harter Weg, viel steiniger, unwägbarer, sandiger, als es der schnelle Blick wahrnehmen kann.

Klar kennen wir uns alle schon lange, dies ist eine feinsinnige Familie meist Schwererziehbarer. Viele tranken ja schon vor dreißig Jahren beim Studententheatertreffen in Erlangen erregt miteinander, viele der späteren Sesselfurzer, yeah!, einige wenige Auserwählte wurden adoptiert.

Der Luc war so ein Adoptivkind, mit wechselnden Vätern und Stiefgeschwistern; eine leicht kokette Kreuzung aus

Aschenputtel und Dornröschen. Er war, als die alte Familie ihn annahm, viel zu jung, um mit den Siebenmeilenstiefeln Schritt zu halten. Er war ja nie dabeigewesen bei den wortreichen Schlachten, mußte sich seine kleinen Geschichten erst geduldig aufkritzeln, wie kurzsichtig, die Nase nah am Blatt. Er schrieb seine Merkwürdigkeiten allerdings nachdrücklicher auf als andere, das vergaß man nicht so schnell, flotte Antworten waren nicht seine Sache. Seine Beobachtungen waren immer ein Gran genauer; seine Haltung beim geneigten Zuschauen, beim Aufmerken damals immer eine Spur aus der verbindlichen Spur, ein wenig neben den Geleisen, fast nicht bemerkbar – nie schnurgerade in die weite Ebene der allgemeinen Öffentlichkeit gespannt.

Ich habe ihn immer sehr beneidet. Er, der so lange dieser Benjamin des deutschen Theaters war, immer schien er mir ein Sohn des Glücks. Hochbegabt, fielen ihm die Sterne nur so in den Schoß. Aus gutem Hause, alle Bezirke der schönen Literatur schon früh mit sicherer Kenntnis ausgezirkelt; einer also, dem die Herzen zuflogen, dem sich die Köpfe öffneten, hell und leicht, graziös; Sohn eines solchen Vaters und einer solchen Mutter.

Er wartete auf mich, da auf der abendlichen Straße vor dem kleinen Theater; die Vorstellung sollte noch nicht beginnen, ich hatte mich verspätet. Mit meinem VW klapperte ich von München nach Nürnberg. Ich wollte mir »Die Stühle« ansehen, er hatte das inszeniert in einem Bühnenbild von Rolf Glittenberg. Frau Petritsch und Herr Mues spielten die beiden alten Menschen. Es war im Frühjahr 1972, verdammt lang her. In Zürich hatte ich Luc einige Monate zuvor kennengelernt, auf einer Premierenfeier. Er lobte unsere Aufführung vom »Fegefeuer« der Fleißer und war in jenen Kreisen des Zanklschen Neumarkttheaters schon eine kleine Berühmtheit. Er sei der Sohn vom Bondy, verriet die Bill. François? Er scharte sie um sich, sie hörten ihm zu, zappelig, wie er war. So formale Dinge hatten ihm gut gefallen, wie Gervasius ewig Nägel kaute und dann wie ein empörter Heuschreck von der Bühne sprang, wie Roelle am Schluß heißhungrig seinen Katechismus verschlang und derlei Sonderbarkeiten mehr; wie die Kinder sich die Köpfe an der welligen Metallwand krumm schlugen und wie sie dann gliederverrenkend durchs kunstgrüne Gras purzelten. Er schnüffelte gleich auf der leeren Bühne herum, als wolle er selber rasch in dieses wundervolle Stück Ingolstädter Pubertät hineintreten.

So saß ich also in Nürnberg, da in den »Stühlen«, und freute mich sehr an dieser Körpertheaterei; daß solch junge, gute Schauspieler dies taten. Alles das kam mir nah, bekannt vor.

Er war Assistent an Goberts Thalia-Theater gewesen, hatte in Paris – damals schon seine heimliche Hauptstadt – den Regisseur Lavelli kennengelernt und war mit ihm nach Nürnberg gezogen. Zuvor hatte er schon im Göttinger Jungen Theater ein völlig unverständliches politisches Stück, »Narr und Nonne« von Witkiewicz, und in der taufrischen Hamburger Fabrik »Die Zofen« von Genet eingeübt. In Goberts Thalia, das er nicht mochte, hatte er allerdings auch kurz als darstellender Künstler brilliert, in der Titelrolle des bekannten Kinderdramas »Klaus Klettermaus im Hackebackewald«. Er soll die absolute Erfüllung gewesen sein.

Bis tief in die Nacht hinein saßen wir dann beim Mues, die Schauspieler rechteten miteinander und mit ihm, wir stritten uns ausführlich über das Stück und mein Lob. Nachdem ich Letzteres ausgiebig verteilt hatte, erlosch Lucs Interesse an meinem Besuch rasch, und er wandte sich einem jungen schönen Mädchen zu, das in irgendeinem Verwandtschaftsverhältnis zu Herrn Mues stand.

So begann also eine ganze lange Reihe von Besuchen, ich weiß heute nicht mehr, wer wen öfter aufgesucht hat, sehr wahrscheinlich ich ihn. Das nächste Mal klapperte ich mit dem kalten VW von Hamburg ins Wuppertal. Wir trafen uns in der Kantine, er hatte »Was ihr wollt« inszeniert. Eine sonderbare Szene erinnere ich noch immer voller Staunen: Orlando warb um Olivia; und unter ihrem Fenster sangen sie ihr eine Serenade nach der anderen. Tage vergingen und Nächte, das Licht wechselte in leichten Wellen vom hellen Tag in die blauschwarze Nacht, Orlando und seine kleine Band schlummerten ein und wachten bald beim ersten hellen Dämmerlicht wieder auf, griffen behende zu ihren Instrumenten, die ihnen entglitten waren, und begannen das sinnlose Gekrähe von Neuem.

Und aus ihrem Fenster schaute lächelnd Olivia. Und Viola blieb immer Viola: Ganz am Ende trafen sich die drei in ziemlich verwirrter Umarmung, während Malvolio in grobkarierten Hosen, Racheschwüre zeternd, durchs Publikum abkasperte.

Die Tür der alten Hotelhalle drehte sich reichlich: Im schäbigen Frack eines verkommenen Entertainers, abgeblätterte Pailetten, Ursula von Reibnitz als stolpernder, steppender, recht wackliger Fool. Alles das war sehr schön und sonderbar, hatte eine recht eigene Phantasie und durchaus Poesie. Der ihm die alte Hotelhalle und diese Drehtüre gebaut hatte, hieß Erich Wonder. Luc hatte ihn mir einmal auf der Kirchenallee vorgestellt, Wonder war damals noch ein klitzekleines Licht, er stammte aus der illustren Schar der bremischen Assistenten des überragenden Wilfried Minks, wie Herrmann, Glittenberg und viele mehr.

Wuppertal und Bremen waren damals Theater, die ihre Tore offenhielten für mißratene Mitglieder der ehrenwerten Familie, die für die hohen Häuser der Hauptstädte Berlin, München, Hamburg oder auch Bochum, Düsseldorf keine Eintrittskarten erhielten, also für solch enorm schwer Erziehbaren wie Neuenfels, Palitzsch, Kirchner, Peymann, Bauer, Stein, Bondy, Löscher, Zadek und viele andere, auch für mich.

Bald zog Luc ins rigorose Frankfurt, ich machte mich auf den schmalen Weg in den hohen Norden. Sein erstaunlicher Aufstieg wurde nun rascher, die Feuilletonisten wiegten ihre weisen Häupter und beschlossen, ihn zu mögen. Ich besuchte ihn nun öfter im Hessischen, ihn und Erich Wonder, sah deren schöne Bilder vom »Dauerklavierspieler« von Horst Laube. Barbara Sukowa trällerte unter Wonders schwarzem Sternenhimmel inbrünstig »Heimat, deine Sterne...«, als wär's ein Stück von der seligen Mary selber. Und der Marivaux! Franke und die Sukowa purzelten zu Beginn aus der Kiste, und die

Sache nahm den bitterbösen Lauf der herzlosen Voyeure. Das waren helle, glänzende Augenblicke im schwierigen, fast kopfkranken Frankfurt.

Und die Arbeiten in Hamburg bei Nagel waren auch so: Horváths »Glaube, Liebe, Hoffnung« – fast schon zu schön und genau – mit der Kuster, dem Sprenger und O. E. Fuhrmann, dem tatsächlich eine stolze Taube auf der spiegelnden Glatze thronte! Dann die »Gespenster« mit der Schade, dem Rehberg und Sprenger, und Rolf Glittenbergs Bühnenbildern.

Dann kam die erste Zeit an der Schaubühne Berlin. Die war wohl auch nicht immer einfach; zu der Zeit war es freilich ein großes Glück, dort zu arbeiten, und das Hallesche Ufer das Ziel vieler mißratener Mitglieder der Familie; Sinn und Form schienen sich da erstmals wieder glücklich zu treffen. Diese große, imponierende Leistung von Peter Stein und seinen Schauspielern blieb die langen siebziger Jahre hindurch eine radikale Herausforderung für die Stadttheater, wie diese sich auch immer zu formulieren trachteten; dort einmal zu arbeiten, unter solchen Umständen, welch ein Traum könnte das sein, mein Neid wuchs einmal mehr: Was für ein Glanz in den Steinschen Aufführungen – bis heute selten erreicht, trotz enormer Anstrengungen mancher, die auch einmal den Präzeptor geben möchten und doch nur platter Abklatsch sind! Welch utopischer Streif am düsteren Horizont jener bitteren, herbstlichen Tage der Republik: die Schaubühne von Peter Stein!

Und so verschwand also mein Luc in den Wolken jenes geheiligten Bezirks im schmuddeligen Kreuzberg.

Ich sah ihn in Hamburg wieder, als er dort erstmals an der Oper arbeitete, »Lulu« und »Wozzeck«; ihm zur Seite wieder Rolf und Marianne Glittenberg, kunstsinnige Kenner und Helfer. Das waren kluge Aufführungen, intelligenter Umgang mit dem Musiktheater, Inszenierungen, die später ihre schönen Fortsetzungen in Brüssel fanden.

Dann griff irgendwann diese schreckliche Krankheit nach ihm, in welchem Sternzeichen er wohl geboren sei, fragte er viel später einmal grinsend; und schnell noch den jüdischen Witz von Sarah hinterher, die das Unglück brachte auf dem langen Weg von den russischen Pogromen bis in die finstere Bronx.

Der rasche Aufstieg stockte, die Schaubühne wollte nicht mehr so recht, die Krise hatte auch ihn – den Sohn des Glücks – am Wickel. Mit dem »Platonow« fiel er auf die Nase – mitten in den Sand, den ihm sein Bühnenbildner auf die Bretter der Freien Volksbühne geschüttet hatte. Ich mochte diese ungebärdige Aufführung gern; am Ende die verirrten Frauen um den erschossenen Dorfschullehrer auf seinen staubigen Matratzen, der elende Schluß eines stumpfen Lebens in der hoffnungslosen Provinz, zu komisch! Wir saßen in seiner Wohnung und erzählten uns von ganz alten Zeiten, als die gemeinsame Gründung einer Firma zur Herstellung von 1a-Inszenierungen in Aussicht genommen wurde; inzwischen stand ich einem solchen Geschäft vor, ich war Intendant in Köln geworden.

Und er zog mit uns und machte dort sicherlich seine besten Inszenierungen. »Yvonne« von Gombrowicz, »Glückliche

Tage« mit der überragenden Christa Berndl, »Am Ziel« von Thomas Bernhard, der es sich nicht nehmen ließ, mit seinem Bochumer Hausregisseur eigens anzureisen. In einem recht freundlichen Brief teilte er uns dann großes Lob mit, dies sei die beste Aufführung seines Stücks gewesen: Luc hat es genossen. Und endlich »Macbeth«. Nie werde ich das hohe blaue »Inverness«-Bild von Glittenberg vergessen, die steilen Türen, die Eisenbetten, nackt Hermann Lause und Ilse Ritter im flüsternden Dialog der Mörder; dann Macbeth' Rückkehr vom grausamen Mord, blutbesudelt die dünne, nackte Gestalt, tief erschöpft und niedergeschlagen beide. Eine selten düstere Szene, welch radikaler Umgang mit den großen Texten und den verrückten Psychen der beiden Aufsteiger!

Ich hielt Luc den Rücken frei, er bekam, was er wollte, und das war nicht wenig, er konnte so in Ruhe arbeiten: kein Einschränken, kein Ausgrenzen, kein Eingreifen. Das war wahrlich nicht einfach. Aber es war eine gute Zeit in Köln. Luc arbeitete da und Wilson und Gosch und ich. Und es war die beste Zeit: welch ein Leben im grauen Klotz am Offenbachplatz! Aber er kehrte wieder nach Berlin zurück, inszenierte furios mit meisterlichen Schauspielern die »Kalldewey-Farce« von Botho Strauß, hier Stein einmal in nichts nachstehend.

Er übernahm von Stein die Leitung der Schaubühne, er war angekommen, ganz hoch oben, an der Spitze des besten deutschen Theaters.

Er arbeitete in Berlin, in seiner Lieblingsstadt Paris, bei Chéreau in Nanterre, in Brüssel an der Oper. Und ich reiste einmal mehr hinterher. Dann wurde er wieder krank und mußte sich aus der Leitung der Schaubühne zurückziehen. Mit einer strengen, fast zu ernsten Inszenierung vom »Menschenfeind« kehrte er wieder nach Berlin zurück, mir gefiel es.

Zuletzt habe ich ihn in Paris besucht, um sein »Wintermärchen« zu sehen, das er in Nanterre mit der Ogier und dem großen Piccoli erzählt hat. Er wartete in der Halle dieses Vorstadttheaters, drehte seine durch die vielen Therapien schon recht schütter gewordenen Haare und freute sich, uns zu sehen. Nach der Vorstellung gingen wir miteinander essen und kräftig trinken. Nachdem ich die Aufführung aufrichtig und in angemessener Ausführlichkeit gelobt hatte, war Luc es zufrieden und wandte sich wieder anderen Dingen zu. Und so war es wie immer.

Nachdem ich meinen bedeutenden Vortrag über das Theater der Jetztzeit im bierdunstigen Spiegelzelt ausgestottert hatte, verließ ich rasch diesen abgeblätterten Mittag mit seinen staubigen Gesichtern auf den ausgeleierten Klappstühlen. In der luftlosen grellen Berliner Sonne traf ich eine junge Künstlerin, die mich mitfühlend nach dem Ende der gestrigen lärmenden Nacht in jenem düsteren Wachsfigurenkabinett befragte, sie sprach recht sanft mit mir, als sei ich gerade aus einem schweren Traum erwacht. Ich begann meinen krausen Kopf mühsam zu ordnen, blinzelte in jene Richtung und war versucht, den heutigen Abend, die kommende Nacht und den entsetzlichen Morgen nicht vergehen zu lassen, ohne nicht wieder in den Höllenschlund hinabgestiegen zu sein: Rache! Ich wollte denen schon was erzählen, diesen schwankenden Gestalten in der Vorhölle des Stadttheaters, den taumelnden Wanderern am schwarzflüssigen Styx, den durch Bierlachen stakenden Maulhuren! Ich hätte ihnen von den einen oder anderen erzählen können, die auszogen, die Theater das Fürchten zu lehren. Und wie schwer es doch war, die steilen, ausgetretenen Stufen zur Beletage hochzukraxeln. Von dem Zug dieses chaotischen Zirkus wollte ich ihnen etwas verraten, und den Karawansereien, die nun öde und verlassen zurückblieben, um mit der Zeit unweigerlich zu versanden und in den tiefen Schlaf der bleichen Langeweile zu sinken.

Ach, dachte ich dann, vergiß es, laß es, hat keinen Sinn. Sie werden es schon selber erfahren. Abbracciatevi e tacete. Und vielleicht wird einer einmal so einer, wie der Luc einer ist. If you know.

NIKOLAUS HARNONCOURT

Wer denn dieser Regisseur sei, fragte Herr Harnoncourt seine Frau Alice nach der Vorstellung vom »Bauern als Millionär« bei den Salzburger Festspielen. Ob ich nicht mit ihnen »Così fan tutte« in Amsterdam machen wolle, rief mich diese bald an!

Nach einem schrecklich kreischenden Aufruhr der Smokings und Langenabendkleider bei der Premiere von »Hoffmanns Erzählungen« an der Hamburger Staatsoper und einigen anderen weniger lustigen Geschichten hinter den Kulissen war mir die Laune ziemlich verhagelt: Nie mehr Oper, ein verrottetes und reaktionäres Geschäft, dieses Gewerbe! Als es bei der Barcarole schneite und keine Gondeln über die Bühne schrammten, rief eine tiefe Stimme von den sehr teuren Plätzen im blauweißen Silbersee: Auch das noch! So war das schon immer im vornehmen Hamburg: Wir sind wir und wissens sowieso! Aber nun? Mit Harnoncourt und mit dem klugen, an Marivaux anknüpfenden Singspiel der Meister Mozart und da Ponte?

Das Haus eines Regisseurs hat viele Zimmer, da wird Shakespeare probiert, da werden Filme gedreht, Videos geschnitten, und da wird eben auch gesungen und getanzt und musiziert. Und Nikolaus hat mir den großen Musiksaal erst richtig aufgeschlossen und erschlossen. Wunderdinge gab es da zu sehen und zu hören, von denen ich zuvor keinen Schimmer hatte, die süchtig machen, bei denen kein Entzug hilft: die Musik und deren schönste Gestalt, die Oper! Seit unserer Kooperation in Amsterdam habe ich immer wieder mit ihm zusammengearbeitet, so häufig wie mit niemand anderem.

Wie oft haben wir dagehockt über Partituren, befreundet und zerstritten, verzweifelt und versöhnt. In der Kunst, sagt der kluge Tucholsky, gelte nur ein Kriterium: die Gänsehaut. Man hat es oder man hat es nicht. Nikolaus hat es.

FORSCHUNGSREISEN IN DAS INNERE DER MUSIK

Der Zugang zu Nikolaus Harnoncourt, diesem spröden Mann, ist außerhalb der Arbeit nicht leicht zu finden, er ist kein Talkshower, oft ist er abweisend, gar schroff, kein Gesellschaftstiger auf glattem Parkett, sein stiller Zorn ist gefürchtet; so manches Mal fiel mir zu ihm ein: von alttestamentlicher Statur!

Sein Haus in St. Georgen wirkt wie eine Fluchtburg, als sollten die mächtigen alten Mauern des jahrhundertealten Pfarrhofes Ablenkung, Welt aussperren, auf daß die konzentrierte Hinwendung auf so etwas Altmodisches wie Musik, wie Kunst gar, nicht gestört werde! Gegenüber allerdings, auf dem niedergelegenen Teil dieser trotzigen Anlage, spielen semmelblonde Engel, die Kinder der Sängerintochter und des Tierdoktorschwiegersohns, fröhlich zeternd mit Hühnern und Gänsen. Ziemlich verschlossen erscheint er also, in dessen seinem ellenlangen gräflichen Namen ein Petitum aufgehoben ist, ein besonders kategorischer Imperativ. Am Schluß von Johann Nikolaus de la Fontaine d'Harnoncourt erscheint nach all dem französischen Geklingel das fast lutherische Wörtlein:

Unverzagt – de la Fontaine und d'Harnoncourt-Unverzagt! Auch in Augenblicken tiefer Niedergeschlagenheit und Stunden herber Trauer steht dieses Unverzagt als zukunftsgerichtete Aufforderung in seinem Panaché. Wann hat wohl der erklärte Pessimist Harnoncourt zum ersten Mal unverzagt ausgerufen: Halt! So nicht!? Schöner Pessimist, der etwas verändern will.

Cellist bei den Wiener Symphonikern wurde er 1952. Er hat unter vielen großen und stilbildenden Dirigenten gearbeitet – eine enorme Schule! Siebzehn lange Jahre lang aber auch Routine, Verdruß, Leiden; es müßte doch möglich sein, mag er gedacht haben, die so schöne Musik mehrmals und öfter zu spielen, eben ohne Verdruß und ohne Fadesse. Ich sehe ihn vor mir mit gerunzelter Stirn am Pult sitzend, den Bogen in der Hand, von den Notenblättern immer wieder aufblickend zum Taktschläger hoch oben. Langsam über die Jahre keimendes Mißtrauen, steter Ärger, jäher Zorn: Halt! So nicht! Und er hatte viel Bekümmernis. Zwei Werke haben ihn, so sagt er, letztlich dazu gebracht, die Pulte zu tauschen: die große g-Moll-Symphonie von Mozart und bezeichnenderweise die Matthäuspassion. Bach festigte auch beim größeren Publikum seinen später legendären Ruhm und den seines trefflichen Ensembles Concentus Musicus.

Der Vater war Marineoffizier. In Berlin geboren, wuchs Nikolaus Harnoncourt in Graz auf und studierte in Wien. Dort lernte er auch die hochbegabte Geigerin Alice, seine Frau, kennen. Mit viel Musik ist er aufgewachsen: Vom Vater weiß er Wunderliches zu erzählen, wie der nach Konzerten zu Hause sofort am Pianoforte alles nachzuspielen wußte, was er gerade gehört hatte. Seit dem zehnten Lebensjahr hat Harnoncourt Cello gespielt, Musiker wollte er allerdings am Anfang nicht werden: Schauspielerei war ihm im Sinn, Regie vielleicht oder gar Bühnenbild, er ist zudem ein sehr guter Zeichner und manchmal Karikaturist. Auf Opernproben, deren ich schon viele mit ihm erlebt habe, zeigt er zuweilen, daß er auch dies heute könnte, spielen, inszenieren, hätte er damals nur gewollt. So kann er dem Regisseur eine große Hilfe sein – er weiß um dessen schwierige Aufgabe, die szenischen Erfindungen mit den musikalischen Parametern zu verbinden.

Prima la musica, poi le parole. Das ist für unsereinen eine schwere Lektion, aber letztlich heißt es ja Musiktheater und nicht Theatermusik. Da hilft er also mit Tat und Rat: Proben können sich plötzlich in musiktheoretische Seminare verwandeln, dann aber ändert er wohl auch einmal diese und jene musikalische Chiffre zugunsten der szenischen Arbeit. Einmal hielt er eine Fermate überlang aus – dann ließ er seufzend, wie erschöpft, die Arme fallen: Nun müssen sie aber bald erscheinen. Es gibt Geschichten zuhauf, er ist sicherlich der beste Musikdramaturg der Welt: diese fundamentalen Kenntnisse!

Letzter Zugriff des jungen Nikolaus aufs Theater, alles so zusammenführend: Er wurde jugendlicher Direktor eines Marionettentheaters, 26 Mitwirkende gehorchten ihm, der Ehrgeiz gebot allerdings zu lange Probenzeiten – davon wußte später manches Orchester zu berichten, Kompromisse an den Gusto der zahlenden Zuschauer wurden nicht gemacht – davon weiß noch heute mancher Regisseur und Intendant irritiert zu erzählen – zu hohe Ansprüche für den kleinen Betrieb; der Theaterdirektorenkarriere mußte zwangsläufig ein Ende gesetzt werden. So nicht, sprach Herr von Unverzagt und begann Neues: also das Cello! Kurz vor dem Abitur fiel die Entscheidung: Nikolaus wurde Musiker! Daß er ein höchst talentierter Holzschnitzer, ein Instrumentenbauer ist, ein Restaurator, sei nur nebenbei bemerkt; die Werkstatt im Pfarrhof und manch altes Instrument künden davon...

Der junge Cellist verließ also das Orchester, hatte längst mit anderen Mitstreitern den heute schon legendären Concentus Musicus gegründet, seine Gruppe, mit der er gerade so musizieren konnte, wie er es für nötig hielt: mit Herz und Mund und Tat und Leben. Und alle waren sie noch jung, sonst wäre ein solcher radikaler Anfang kaum gelungen, viel Geld war nicht da, aber es ging auch nicht um das Nach-oben, Karriere war nicht das Ziel, eher dies: Da mußte noch mehr sein, so langweilig kann doch alte Musik nie und nimmer gewesen sein, sie kannten doch andere zeitgenössische Zeugen, die Malerei, Skulpturen, die Architektur, diese Disziplinen waren doch auch nicht öd und blöd und fad!

Also ging diese junge Gruppe der Sache erstmals an die Wurzel, und ein aufregendes, vieldebattiertes Kapitel der Musikgeschichte wurde aufgeblättert. Es hat höchste Schule gemacht, ist allerdings auch oft denunziert, zerlacht, verhöhnt worden. Aber Musica ist das Labsal für einen betrübten Menschen, sagte schon Dr. Luther. Alte Instrumente wurden herausgekramt, restauriert, nachgebaut, und dann fand man sich reihum in den Wiener Wohnungen ein zu Proben, die Forschungsreisen in das Innere der Alten Musik waren. Die Kinder kamen auch mit, für neumodisches Zeug wie Babysitter gab es wohl kein Geld. Die Kleinen wurden angehalten, möglichst still zu bleiben, um die alten Harmonien nicht zu stören. Viel später, nach zahlreichen Sitzungen, kam den Musici die Idee, die altmodische Musik doch wieder einmal auf den neumodischen Instrumenten zu geben – und welch ein Unterschied im Klang ergab sich da. Er muß so vehement gewesen sein, daß die bislang brav vor sich hin spielenden Kinder in das Probezimmer traten und energisch das Ende dieses unsäglichen Lärms einforderten. Eine feine Anekdote über die Relativität der Rezeptionsmuster.

Bis heute rollen besserwisserische Kollegen und Kritikaster mit den Augen. Nun sind es zu deren Entsetzen seit einiger Zeit nicht mehr nur die alten Meister der Renaissance und des Barock, die da in ganz anderem Klang und Zeitmaß daherkommen, sondern auch der wohlgelittene Mozart, Beethoven, Schubert und Schumann, die Romantiker. Harnoncourt und kein Ende der genauen Literaturbetrachtung. »So geht das doch nicht!« ruft der vermeintliche Kenner empört aus. Dann steigt der Zorn ins Gesicht des Herrn von Unverzagt. Eine dicke Falte zwischen den Augen, den Zeigefinger pfeilschnell auf das Gegenüber gerichtet, stößt sie aus ihm heraus, seine ständige Antwort auf viel dummerhaftes Gerede: »Woher wissen Sie das?« Dann gewundene Antworten, dann strenge Unterweisungen!

Als wir einmal nach einer langumjubelten Aufführung einer selten gespielten Oper von Haydn in Wien zusammensaßen und feierten, war Harnoncourt in eine heftige Debatte verwickelt: Der so entzückende wie unvermeidliche Marcel Prawy war mal wieder partout nicht zu überzeugen! »Woher wissen Sie das?«

Ich gebe freimütig zu, daß auch ich von Musik eher wenig weiß und als Regisseur ein gelehriger Schüler des Herrn von Unverzagt bin. Dazu benutze ich oft listig die Orchesterpausen. So erlernte ich einmal in zwanzig Minuten die Musikgeschichte der Trompete. Mich langweilen die ellenlangen Rezeptionsanekdoten hochmögender Temposiegelbewahrer: Ist nun das »Addio« in »Così fan tutte« eher schneller und das »Soave sia il vento« eher langsamer oder gar umgekehrt? Ich höre einfach hin, und siehe da: die langsame Ouvertüre vom »Figaro«, das »Addio«, der schmerzliche Abschied der zynischen Wettgemeinschaft und das hoffnungsfrohe »Soave« machen Sinn in seinem Tempo – Sinn im Sinne der Geschichte, die wir auf der Bühne erzählen wollen. Und es soll mit ihm keiner über die Tempi rechten! Dieser muß viel Zeit mitbringen, unser Forscher und Analytiker der Handschriften weiß es zu berichten! Dabei ist er kein fundamentalistischer Dogmatiker, über den Begriff von Werktreue und Authentizität vermag er trefflich zu streiten. Als ob man mal einfach so in einen Rokokokopf hinabsteigen könnte! Er sei ja schließlich kein Museumswärter, der wie durch die Säle der Ausstellungshallen durch die Musikgeschichte trabe!

Vieles liegt gleichzeitig auf seinen Pulten, die Neue Wiener Schule, Alban Berg zum Exempel, und Gershwin, Strawinsky ebenso wie die Konversationshefte und Handschriften Beethovens, Dvořák wie der Zigeunerbaron und die Rheinische. Und natürlich ist alles auch auf andere Weise möglich: Ewige Wahrheiten sind ihm ein Greuel, ein junger Cellist in seinem Orchester heute mag ähnlich denken wie Harnoncourt damals, und morgen gründet auch dieser sein neues Ensemble! Kunst ist ja immer Ausdruck der Zeit, in der sie erscheint, heute anders als gestern und morgen wieder neu. Ohne diese Veränderung, die immerwährende Bewegung zu einem unbekannten Ziel jenseits der Horizonte wäre alles starr, gefroren, tot. Nur beharrliche Genauigkeit steht im Gegensatz zu den Traditionalisten der Schlamperei. Viele Partituren in den Konzertsälen wimmeln von Fehlern, wie im Kinderspiel von der stillen Post verändern sie von Generation zu Generation unmerklich die Qualität der Musik, die uns so lieb und traulich geworden ist. Dann aber hören wir das nämliche anders und mögen den Ohren nicht trauen: Mir geschah dies einmal mit Beethovens Symphonien, stupend gespielt vom European Chamber Orchestra unter der Leitung von Harnoncourt. Das Altbekannte so neu!

So ist Herr von Unverzagt, der Quellenforscher, der Partiturendetektiv, kein Revolutionär, wie das Feuilleton gerne tönt, sondern ein konservativer Mensch, allerdings im Sinne von Arnold Schönberg. Dieser bezeichnete sich selbst zum Erstaunen seiner Feinde auch als einen Konservativen, denn er bewahre den Fortschritt! Die Quellen sind noch kein wirkliches Wissen, das weiß Nikolaus Harnoncourt wie viele andere zeitgenössische Künstler. Daraus beziehen wir freilich unsere Vorschläge, wohin es heute führen könnte. Sie sind das Fundament, unser eigentlicher Anlaß, der ja dann höchst lebendig, voller Gefühl – das nennt Harnoncourt romantisch – zum Klingen gebracht wird. Zwischen dem genauen Ausgang und der augenblicksseligen Interpretation liegt die Überlieferung – eine Kerze von beiden Seiten entzünden nannte diesen Umgang mit den Klassikern Ernst Bloch.

Wer Nikolaus Harnoncourt lediglich zu Monteverdis und Bachs Stellvertreter auf Erden machen wollte, dem hielt er stets listig entgegen, er sei immer schon – sozusagen von Hause aus – Romantiker gewesen: Auf mancher Mozartplatte hört man das auch.

Als Dirigent ist er Autodidakt, Cellist wie Toscanini, einer mit bloßen Händen, Stöcke könne er nicht leiden, ein Dirigent ist kein Schläger, sondern ein Gestalter. Und Gestalter eines ganzen Abends, Konzert oder Aufführung, der sich nie schematisch wiederholt, der immer wieder aus dem Moment, dann sehr wohl intuitiv, erarbeitet wird.

Wenn ich Nikolaus Harnoncourt beobachten konnte, und ich habe mich schon auf beiden Seiten seines Orchestergrabens aufgehalten – dieser Graben hat bei ihm nie etwas Trennendes, ist vielmehr Brücke, Verbindung zwischen Sängern und Zuschauern –, fiel mir stets auf, wie er sich gleichsam in der Musik befindet. Er spürt in jeder Faser seines Körpers, seines Gesichts, seiner Lippen, in jedem Moment die Musik. Manchmal fahren dann seine Hände wie flatterig durch die Luft, dann hat er die Augen geschlossen, als sähe er innerlich in irgendeine Höhe, von wo ihm die Töne zurückkommen, dann reißt er seine Augen auf, als wolle er sich gegen das Verwehen der Töne wehren – zu schnelles Vergehen, schmerzvolles Erinnern, stete Mühe der Vergegenwärtigung, der vergebliche magische Augenblick: Verweile doch, du bist so schön!

Wie dieser Dirigent Teil einer Aufführung ist, hat Werner Burkhardt einmal höchst witzig anläßlich der »Belle Hélène« von Offenbach in Zürich beschrieben, wie der immer sang und unten mit denen oben spielte und gar am Schluß zum da capo auf der Bühne Arm in Arm mit seinen Sängern die Beine hoch in die Luft warf. Und dann hat er selig gelächelt, im Jubel der Zuschauer.

Bei der Premiere von »Così fan tutte« hockte ich ziemlich aufgeregt auf der Seitenbühne der riesigen Amsterdamer Oper. Das Concertgebouworkest spielte schöner als auf allen unseren Proben – ich war selig vor Glück. Als die Reihe an die schwierige »Per Pietà«-Arie der Fiordiligi kam, gesungen von der verehrten Charlotte Margiono, dachte ich, mein Dirigent sei nun von allen guten Geistern Mozarts verlassen: Mit kaum noch wahrnehmbarem Zeitmaß und fast unhörbar begann diese Arie! Das kann Charlotte ja nie und nimmer durchhalten, schoß es durch meinen ängstlichen Kopf! Das war doch viel zu langsam, langsamer denn je als auf allen Proben.

Sie konnte: flüsterte, seufzte und sang, daß nicht nur mir auf der Seitenbühne unmerklich die Tränen die Backen herunterkullerten. Er weiß eben immer genau, was wir in dem Augenblick können, wenn wir singen, sagte mir Hans Peter Blochwitz, der Tenor, dem ich dies berührende Ereignis später erzählte, er führt uns an unsere Grenze. Und nur mit ihm geht das.

Daß die Kunst immer am Rand der Katastrophe zu balancieren habe, ist einer der wichtigsten Grundsätze des Herrn von Unverzagt: Perfektion und Wahrheit sind unvereinbare Gegensätze. Auf einem hohen technischen Niveau müssen wir vergessen lernen! So ähnlich beschreibt Kleist in seiner Geschichte über das Marionettentheater das Problem von Erkenntnis und Anmut, von Reflexion und Grazie. An der Kante der Katastrophe! Schönheit und Sicherheit gehen nicht zusammen, alles, was ich wußte, muß ich, wenn es in die gemeinsame Arbeit geht, also hintanstellen, gar zu vergessen suchen.

»Die Würde der Kunst scheint bei der Musik vielleicht am eminentesten, weil sie keinen Stoff hat, der abgerechnet werden müßte. Sie ist ganz Form *und* Gehalt und erhöht und veredelt alles, was sie ausdrückt«, schreibt Herr von Goethe im zweiten Buch von Wilhelm Meisters Wanderjahren.

Das heißt wohl auch im Harnoncourtschen Sinne, daß sich Musik in einem anderen Besitz befinden müßte, jedenfalls nicht in dem unserer praktischen Welt der aufgeklärten und alles erklärbaren Zeichen und Systeme. Kunst siedelt jenseits des Logischen, also Abrechenbaren. Der Mensch braucht dieses eine Standbein, diesen Bereich der wortlosen Sprache, des Phantastischen. Früher, in alter, farbiger, vorindustrieller Zeit, lag das wohl einmal zusammen, vielleicht nicht ganz so weit entfernt wie bei Kleists Herrn C..., der vom Ersten Buch Mose redet und dort vom dritten Kapitel, aber doch auch so weit entfernt wie das verlorene Paradies. Da waren Reflexion und Grazie noch eine wunderbare Einheit, oder wie Harnoncourt immer wieder mit Pascal sagt: Das »Denken des Herzens« und das »arithmetische Denken« waren kein Widerspruch, waren untrennbare Einheit: Das Phantastische lebt im feierlichen Augenblick. Der Status quo ist der Widerpart des künstlerischen Trachtens. Da ist nichts schwarz auf weiß nach Hause zu tragen. Selbstverständlich widersetzt sich Kunst, im subversiven Augenblick aufgehoben, jedem dogmatischen Zugriff, die subjektive Kraft steht dem allgemeinen ideologischen Gewirr entgegen. Finden wir den Ort für das Wunderbare nicht mehr vor, haben wir den Platz nicht mehr, in unserem Leben oder in unseren Köpfen gar, für das Transzendente, das Die-Begriffe-Übersteigende. Dann allerdings gnade uns ein gnädigerer Gott als der aus dem ersten Buch Mose!

Am Anfang war ein junger Mann Direktor eines Puppentheaters, der sich unverzagt der Welt des Scheins, dem Unbegreifbaren zuwandte. Zu ihm wollen wir am Ende Kleist sprechen lassen: »Wir sehen, daß in dem Maße, als, in der organischen Welt, die Reflexion dunkler und schwächer wird, die Grazie darin immer strahlender und herrschender hervortritt. – Doch so, wie sich der Durchschnitt zweier Linien, auf der einen Seite eines Punkts, nach dem Durchgang durch das Unendliche, plötzlich wieder auf der andern Seite einfindet, oder das Bild des Hohlspiegels, nachdem es sich in das Unendliche entfernt hat, plötzlich wieder dicht vor uns tritt: so findet sich auch, wenn die Erkenntnis gleichsam durch ein Unendliches gegangen ist, die Grazie wieder ein; so, daß sie, zu gleicher Zeit, in demjenigen menschlichen Körperbau am reinsten erscheint, der entweder gar keins, oder ein unendliches Bewußtsein hat, d. h. in dem Gliedermann, oder in dem Gott. –

Mithin, sagte ich ein wenig zerstreut, müßten wir wieder von dem Baum der Erkenntnis essen, um in den Stand der Unschuld zurückzufallen? – Allerdings, antwortete er; das ist das letzte Kapitel von der Geschichte der Welt.«

Dazwischen also tändeln wir, üben wir unsere »schwache messianische Kraft« zwischen dem Gliedermann und dem Gott. Da braucht es mehr als katatonischen Pessimismus; vor diesem Horizont, dieser Grenze zum Überschreiten steht Beharrlichkeit, Zorn, Unbedingtheit, Mut zur Unordnung, so den Augenblick auf das Schöne zu öffnen; immer an die Kante der Katastrophe gelangen und unverzagt, auch in dunklen Stunden, wieder aufstehen – also exemplarisch handeln!

LUIGI NONO

Als ich in die Sexta der höheren Schule kam, hockten wir zu Beginn dieser schwierigen Karriere noch alphabetisch gereiht in kleinen hölzernen Bänken. Neben mir saß hübsch und bescheiden ein besonderes Kind; kam es doch aus einer Musikerfamilie und spielte Bratsche. Er hieß Johannes Fritsch und wurde mein Freund, blieb es lange Zeit. Später studierte er das Komponieren bei Zimmermann und Stockhausen an der Kölner Musikhochschule. Heute lehrt er selbst junge Tonsetzer. Viel später, als wir die erste Luft der Moderne schnupperten, zog mich Johannes in die Konzerte der Neuen Musik. Anfangs widerstrebend, hörte ich bald mit neuen Ohren: Kagel und Berio, Cage und Stockhausen und Schönberg, Strawinsky, Zimmermann und Luigi Nono. Über meinen Freund lernte ich den melancholischen »Bazi« Zimmermann kennen, der gerade an den »Soldaten« arbeitete, und verstrickte mich in Gespräche über den Dränger Lenz. Der ungebärdige Stockhausen wirbelte zu der Zeit in der Gruppe »Fluxus« herum. Bei der ein oder anderen Veranstaltung trat ich dann auch auf, Johannes bratschte und ich mimte »Danger Music Structure 1« von David Higgins. Zimmermanns »Soldaten« wurden bald in der Kölner Oper aufgeführt – welch großen Ärger provozierte dieses epochale Werk eines modernen Musiktheaters; und Nonos »Intolleranza« am gleichen Ort! Gute zehn Jahre später erhielt ich einen Anruf von Frankfurts Operndirektor Christoph Bitter. Er hatte gerade im Fernsehen unseren Hamburger »Danton« gesehen: Ob ich Lust hätte, Nonos »Al gran sole carico d'amore« zu inszenieren? Es wurde eine sehr gute, wichtige Aufführung, so kam es zu einer Begegnung mit Luigi Nono, der dem Denken über das Theater und über die Kunst neue Fragen stellte, die mir bislang unbekannt waren. Bis heute bitte ich Operndirektoren auf die ewige Frage, was ich denn gerne so machen wolle, um Werke von Nono und um die »Soldaten« von Zimmermann. Den Lenzschen Stoff hatte ich vor vielen langen Jahren am Thalia-Theater einstudiert. Hochgezogene Augenbrauen und Achselzucken sind oft genug ahnungslose Antworten: Ignoranti! hätte Nono die Leute geschimpft.

SO ETWAS ALTMODISCHES WIE KUNST

»Die Schönheit setzt sich der Revolution nicht entgegen«, heißt ein schöner Satz von Ernesto Che Guevara. Und dieser Satz ist schon ziemlich lange her, er erinnert irgendwie an längst vergangene Zeiten: Che, war das nicht der mit der Baskenmütze? Ach ja, rote Fahnen sah man besser. Schon arg lang her? Oder empfinden wir das nur so, hier, in unserem nebligen Deutschland, daß dieser Teil unserer kurzen Geschichte nun endlich abgeschlossen sei und vorbei? Daß die Schönheit sich der Revolution nicht entgegensetzt, hängt wie ein Spruchband über den Arbeiten von Luigi Nono, diesem italienischen Komponisten, der seit so vielen Jahren für erregte Auseinandersetzungen gut ist, der Künstler als Anstifter, Veränderer, Revolutionär, Kommunist. Guevaras Satz steht auch tatsächlich als Titel über dem Vorspiel zu Nonos Oper »Al gran sole carico d'amore« – das heißt soviel wie: Zur großen Sonne, mit Liebe beladen... Und dieser Text wiederum stammt aus einem Gedicht von Arthur Rimbaud über die Kommunardin Louise Michel.

Es gibt eigentlich keinen Anlaß, über Luigi Nono zu schreiben, es braucht allerdings auch keinen.

»Weh mir, wo nehme ich, wenn / Es Winter ist, die Blumen, und wo / Den Sonnenschein, / Und den Schatten der Erde? / Die Mauern stehen...« Das kennen wir alle, in der Hälfte des Lebens: Hölderlin, unser Zeitgenosse.

Was er hätte sein mögen, erkundigte sich der unvermeidliche FAZ-Fragebogen bei Nono. Der Tübinger Turm, hat er geantwortet, um Hölderlin zuzuhören; ein merkwürdiger Marxist, dieser venezianische Tonsetzer! Ich denke mir, daß er auch gerne das Papier hätte sein mögen, auf dem Gramsci seine Briefe im Gefängnis schrieb, oder der Protokollant beim Verhör Giordano Brunos... Was dieser Turm alles gehört haben mag, was keiner mehr überliefern kann: Das Niegehörte also wieder hörbar machen, zerrissene Gedanken, einsame Laute, verhallende Töne. Wie soll man über Nono schreiben und gelassen bleiben? So einen Propheten haben wir im eigenen Lande nicht, obwohl mancher sich dafür hält. Da gerate ich schnell ins Schwärmen; spotten freilich ließe sich, wie so oft, leicht. Von seiner Ungeduld erzählen, von seinem heiligen Zorn, von wütend hingeworfenen Zeilen und schroffer Abkehr: Wenn man nicht wüßte, daß alles dies keine Attitüden eines eitlen Künstlers sind, sondern vielmehr erregende Auseinandersetzungen über unbedingtes Denken. Auseinandersetzungen über so etwas Altmodisches wie Kunst.

Hinter mir pöbelten sie, winkten mit ihren Taschentüchern, johlten, Gnade für den Stier! Auf der Bühne protestierende Arbeiter, prügelnde Polizisten, großflächige Fotos von Konzentrationslagern, Hakenkreuze wehten wieder, meine Freunde aus Scharres Pantomimentruppe demonstrierten sich trotzig stampfend an die Rampe, und am Ende gar Atomblitze und ein richtiger Text des ostzonalen Dichters Brecht: An die Nachgeborenen. Köln in Aufruhr! Oscar Fritz Schuh hatte Nonos Oper »Intolleranza« aufführen lassen, Bruno Maderna dirigierte, der große Fotograf Chargesheimer hatte das Bühnenbild gemacht, und der Regisseur Lietzau – hieß es – habe sich enerviert von der linken Sache zurückgezogen. Jahrzehnte später, in der Staatsoper, ein satter Erfolg, Hamburg war zufrieden. Aber damals, 1962, grummelte es schon leicht hinter dem Horizont, die wilden Jahre der Revolte kündigten sich wetterleuchtend an.

Ich saß allerdings ziemlich fassungslos in der verqueren Generalprobe, ausgeliefert den Klangmonstern, die da auf mich einstürmten, mit ihren so wirr scheinenden Tonfolgen und den kreisenden Klängen um mich herum. Da gab es kein Entrinnen mehr, das also soll politisches Theater sein, dachte ich mir, Intolleranza! Aber Johannes würde mir das schon erklären, oder sein Lehrer Zimmermann.

»Sarà un cielo chiaro... Der Himmel wird klar sein... s'apira quella strada... diese Straße wird sich öffnen... le pietre canteranno... die Steine werden singen... sarai tu ferma e chiara... du wirst da sein, unerschütterlich und klar.« Ich habe den zerfledderten Programmzettel noch, in dem dieses Gedicht von Cesare Pavese abgedruckt ist. Debussy gab es, Earl Browne und den Altmeister aller Neutöner, Anton Webern. Und »Die Lieder vom Leben und von der Liebe – Sul Ponte di Hiroshima« nach Texten von Günther Anders. Jesús López Pacheco und eben Pavese, eine deutsche Erstaufführung von Nono. Und das sollte nun auch wieder so etwas Politisches sein? Bruno Maderna dirigierte die »Musik der Zeit« im WDR, Januar 1963. In meinem Oberprimanerhirn ging das nicht zusammen, diese subjektiven Texte und das radikale Engagement, war das politische Lied etwa doch kein garstig Lied?

Lange vor Marcuses wichtigem Essay über die Permanenz der Kunst zeigte Nono, daß das sehr wohl zueinander gehöre: der Glanz und die Ernsthaftigkeit, das radikale Subjekt und das gemeinsame Ziel der Emanzipation, der Revolution. Früh schien in den Arbeiten Nonos diese politische Sicht auf, schon 1955 im »Canto sospeso«, dessen Material Briefe zum Tode verurteilter europäischer Widerstandskämpfer sind, früher noch in »La Victoire de Guernica« nach Texten von Paul Eluard, das schon 1954 in Darmstadt – dem Mekka der Neuen Musik in jenen Jahren – von Maderna aufgeführt wurde.

Ich will hier keine zeitgenössische Musikgeschichte betreiben. Aber wie wichtig die Darmstädter Treffen für eine ganze Generation von Komponisten waren, wie wichtig für diese damals junge Generation – und besonders für Luigi Nono – Hermann Scherchen und Bruno Maderna waren, ist unbestritten. Wie bedeutend diese Debatten für den Ausdruck der jungen westdeutschen Republik waren, ist kaum zu ermessen. Vielleicht waren ja auch die berüchtigten Fünfziger doch um einiges besser als ihr Nierentischruf? Meine Damen und Herren Kulturzyniker, Abwaschhistoriker und Postmodernisten, da war aber was los! Da würden wir uns heutzutage, wo nicht nur Adenauers Enkel die Restauration wieder herbeisingen möchten, schön freuen: Von der Entwicklung der Neuen Musik bis hin zur Richterschen Gruppe 47. Und noch viel mehr!

Immer wieder fallen mir die unzähligen Bücher ein, da in der Wohnung auf der alten Arbeiterinsel Guidecca, überall. Aus den Fenstern sieht man in die Weite der Lagune, die sich irgendwann zur Adria öffnet; verschwimmende Horizonte, aufgelöste Linien, die Luft flimmernd dicht. »Atmendes Klarsein« heißt eine Komposition von 1981. »In meine Heimat auf der Giudecca in Venedig dringen fortwährend Klänge verschiedener Glocken, sie kommen mit unterschiedlicher Resonanz, unterschiedlichen Bedeutungen Tag und Nacht, durch den Nebel und in der Sonne. Es sind Lebenszeichen über der Lagune, über dem Meer.« Unten, im kleinen Park, lärmen die spielenden Kinder. Wiesen, Büsche und Bänke gehören längst der Gemeinde. Wir fahren hinüber nach Venedig, gehen essen. Nono, dieser große, mächtige Mann mit den bedächtigen Bewegungen, wird nicht müde, seine Stadt zu erzählen, mit ruhiger, rauher Stimme, fast ein wenig zu leise: Die Kirchen, die Plätze, die Gassen, die Anamorphosi der Scuola di San Marco; ist es so oder ist es etwa nicht so, fragt König Peter. In einem Zimmer hängt eine Darstellung des Fußbodens der Basilika von San Marco; diese verschiedenen Gebilde, nichts ist gleich und so vieles ähnlich: das Gemeinsame im so besonders Verschiedenen?

Luigi verließ wütend die Hauptprobe im Frankfurter Opernhaus. Der Zorn war ihm nachzusehen, auf der Bühne fand tatsächlich ein unüberschaubares Chaos statt – es war die beste Zeit! Niemand von uns wußte, ob diese Aufführung von »Al gran sole...« jemals ein gutes Ende nehmen würde. Allein Fassbinder lümmelte in einer der hinteren Reihen und fand alles geil. Der Dramaturg Zehelein murmelte bleich, Luigi tobe.

Michael Gielen forderte uns energisch zum Weitermachen auf und wandte sich wieder seinem mürrischen Orchester zu. Die Premiere kam, und obwohl unsereiner ja schon einiges gewöhnt ist, war die Spannung ziemlich unerträglich. Die Haltung von Chor und Orchester war anfangs äußerst widerborstig gewesen; Nono sei schließlich bei der Beerdigung von Baader und Konsorten gesehen worden, machte ein Gerücht die Runde, so ein Stück von so einem könne man doch nicht machen, der sei ja noch schlimmer als der allerfinsterste Kommunist. Wir sprachen und diskutierten, warben um Verständnis für Text und Musik und die Figuren, revolutionäre Frauen... Die Solisten allerdings waren neugierig auf die Musik und die Arbeit.

In der Pause der Premiere, als wir alle schon aufatmend ahnten, daß der Abend nicht mehr ganz schiefgehen konnte, stand ich, immer noch krank vor Angst, auf einem dieser garstigen Neonflure des Frankfurter Theaters und versuchte zur

Ruhe zu kommen. Nono hastete an mir vorbei, sah mich, kehrte um, nahm mich in die Arme, drückte mich: So eine schöne Arbeit, Jürgen.

Die Tochter Bastiana öffnet die Tür, Luigi sei noch nicht da. Wieder die vielen Bücher, auch hier in der Berliner Wohnung. Bastiana malt an einem Bild, sie hat es Luigi geschenkt, es sei noch nicht fertig, immer wieder müsse man neu daran arbeiten. Warum sie nicht Musikerin geworden sei? Sie winkt fast erschrocken ab, der Vater und der Großvater, das seien doch wohl genug Musiker in der Familie. Ihr Großvater war Arnold Schönberg. Nono sucht immer wieder aufs Neue nach den Anfängen des Fortschritts, schlägt Brücken in die Gegenwart, beruft sich auf die alten italienischen Madrigalisten ebenso wie auf Bach und Verdi. Mit engelsgleicher Geduld vermag er über die Kunst der Fuge zu reden und darüber, wie Verdi heute nicht mehr gelesen werde: »...wie viele verschiedene Arten von Pianissimo gibt es da in der Originalpartitur und wie schrecklich allgemein wird das heute aufgeführt! Es gibt eine unglaubliche Beziehung Verdis zur Stimme, die volle Stimme, die Kammerstimme, voce rauca... Welch große Artikulation ist das Pianissimo.« Und über die Divergenz zwischen den musikalischen Abläufen und den szenischen Aktionen. »Auch die Mikrointervalle sind ganz alt, uralt. Natürlich gab es die schon in der asiatischen Kultur, aber auch hier in Europa. Die Herrschenden allerdings wollten allein das tonale System, denk an das Konzil von Trient. Auch was wir da im Experimentalstudio in Freiburg machen, auch das ist nicht neu. Das gab es auch schon in der spanischen und venezianischen Schule bis hin zu Schütz. Man komponierte den Raum, man setzte das Publikum eben nicht so wie heute, daß die Hälfte nichts hört. Die anonymen Architekten der alten Kathedralen in Spanien, Italien und Deutschland wußten das einfach. Da hat die Musik ganz anders geklungen.« Über die Veränderung in den Köpfen spricht er, über die veränderten politischen Systeme, von Gorbatschow und der unbekannten Zeit, die vor uns steht, daß die klassischen Kategorien ins Wanken kommen, auch die marxistischen, von Tarkowski und seinem tief beeindruckenden Film »Das Opfer«, von den Dissidenten, den Abtrünnigen, von Bruno, Galilei, Hölderlin und immer wieder von Gramsci, den man bei uns viel zu wenig kenne, von Wittgenstein, Berlinguer, Musil und von seinem Freund, dem italienischen Philosophen Massimo Cacciari. Und zitiert wieder Benjamins Satz »von unserer schwachen messianischen Kraft, die alles verändern könne«. Und vom »Prometeo«, dieser wunderschönen Musik.

»Ich habe mich keineswegs verändert. Auch das Zarte, Private hat seine kollektive, politische Seite. Deshalb ist auch das Streichquartett – ›Fragmente-Stille, An Diotima‹ – nicht Ausdruck einer neuen retrospektiven Linie bei mir, sondern meines gegenwärtigen Experimentierstandes: Ich will die große aufrührerische Aussage mit den kleinsten Mitteln.«

Ich stapfe bald durch die kalte, stinkende Berliner Luft. Ich soll auf einem Piscator-Symposion diskutieren. Mit dem hat Nono auch noch gearbeitet, bei der Weiss'schen »Ermittlung«. Ich soll über das politische Theater in der Bundesrepublik reden, nach dieser Unterhaltung wird mir das nicht leichtfallen. Unsere schwache messianische Kraft.

Wie entsetzlich leichtfertig sind wir im nebligen Norden dabei, unsere politischen Positionen zu räumen. Es ist uns fast aus den Augen geraten, daß ästhetische und politische Avantgarde kein Widerspruch sein muß. Wie ist unser Denken verkommen, mit welcher Ungeduld gehen wir oft ans Werk, hastige Schlagworte statt langsamer, tastender Suche nach den Antworten auf die immer neuen Fragen. Die Schönheit setzt sich der Revolution nicht entgegen! Ein Werk Nonos von 1983 heißt »Guai ai gelidi mostri« – Wehe den eiskalten Ungeheuern. Und wo den Sonnenschein hernehmen und den Schatten der Erde, fragte der verzweifelte Hölderlin. Mein Liebling Leonce hatte da einen Einfall: Sollten wir nicht das Ländchen mit Brennspiegeln umstellen? Daß es keinen Winter mehr gäbe und wir uns im Sommer bis Ischia und Capri hinaufdestillierten und das ganze Jahr zwischen Rosen und Veilchen, zwischen Orangen und Lorbeer steckten?

Gramsci ist so ein Spiegel und sicherlich Luigi Nono.

GIUSEPPE SINOPOLI

Der Giuseppe ruft dich an, wann kann er dich erreichen? Hannelore war am Apparat, Sinopolis guter Geist, sie dürfe mir nicht sagen weshalb, aber ich könne es mir schon zusammenreimen, es ginge um den »Ring«. Mir fiel fast der Hörer aus der Hand, da seien doch andere Namen gehandelt worden, wieso denn auf einmal ich? Das war im Jahr 1996, und wir trafen uns bald eine lange Nacht und zeichneten die Papiertischtücher voll und vergossen viel roten Wein und begeisterten uns und freuten uns auf die Zeit im Frankenlande. Als wir uns herzlich umarmten und uns verabschiedeten, wurde er ganz ernst, Erfolg würden wir nicht haben, die Leute würden es ablehnen, nur weil es eben neu sei, der Clan würde die Zähne ausfahren, schließlich habe ja der alte Wolfgang selber damit geliebäugelt, den »Ring« noch einmal zu inszenieren. Und die Kritiker werden höhnen, certo, amico! Aber warum machen wir es denn, stammelte ich mit schwerer Zunge. Er klapste mir auf die Schulter, was ich denn sonst noch machen wolle, das sei wie das Labyrinth des Minotaurus, hinter jeder Ecke lauert das Ungeheuer, das sei doch immer so.

Und außerdem siamo amici, deshalb machen wir es! Aber vorher noch »Wozzeck« in Milano an der Scala, da sind wir ja schon mal zusammen, du und ich. Am 20. April 2001, ein Jahr nach unserem Probenbeginn in Bayreuth, starb Giuseppe. Wir hatten einen schönen und anstrengenden Sommer mit dem »Ring«. Alles kam so, wie er es an jenem ersten Abend vorausgesagt hatte.

»PASS MAL AUF!«

In der Pause klagte Giuseppe Sinopoli, der Dirigent, der studierte Arzt, über solch einen Druck in der Brust! Warum hat er da nicht abgebrochen, warum ist er wieder hinuntergestiegen in den Graben zu seinen Musikern, zur »Aida«-Partitur, zu Giuseppe Verdi? Wegen des verstorbenen Götz Friedrich, dem er zur alten Liebe diesen Abend in der Deutschen Oper dirigierte: Denn der, dem er zwischenzeitlich spinnefeind war, stand eines Tages vor seiner Tür in Rom und bat, ein letztes Mal noch solle er, Giuseppe, in Berlin dirigieren, dem alten Freund zur Freude und zum Zeichen der Versöhnung. Es war Friedrichs letzte Saison, und im Dezember starb er nach kurzer und schwerer Krankheit. Giuseppe hat sich also wieder an das Pult gestellt, die Musik von Verdi begann, und nach einer Weile wurde er matter und bekam ein Glas Wasser, und dann warf ihn der Herzschlag um. Ungläubig starrte ich auf die dürre Nachricht: Während einer Vorstellung von »Aida«, tickerte es über den Bildschirm. Das kann nur ein Irrtum sein, ein Versprecher, ein Druckfehler, irgendwie muß doch die Berichtigung kommen: Einfach so?

Einfach hat es sich der Dr. Sinopoli wahrlich nicht gemacht, mit sich nicht und nicht mit seinem Leben. Er ging außen herum: Das waren komplizierte und verworrene Wege, der rote Faden der Ariadne durch ein fast unübersehbares Labyrinth, wie das von Dädalus in Kreta erbaute, war oft schwer zu fühlen, auch für die, die ihn liebten. Seine bewundernswerte Lust an den Vizinalwegen, an den Anamorphosi, sein Spaß an den Finten und den Luftschlössern war oft atemberaubend und von wunderlicher Intelligenz und sprühendem Witz! Dann konnte er seine schönen Hände in die Luft werfen, und der Zeigefinger stach mitten ins Herz: »Paß mal auf!« war das geschwinde Signal für eine purzelnde Kette brillanter Gedankentänze, sein strahlendes Lächeln wärmte die Seele, welch ein Verführer, dieser Sizilianer aus Venedig, dieser gelernte Wiener, dieser sächsische Kapellmeister, dieser gelehrte Homme de lettres. Dahinter versteckte sich freilich ein zarter und zierlicher Knabe, der im Alter noch im tiefen Schmerz um den Verlust der Eltern verzagte. Der Hochbegabte, dessen überwältigend helles Hirn nimmersatt in nimmermüder Bewegung blieb, hungrig nach Nähe, Zeit und Gegenwart, gierig und durstig nach Wissen: Doktor der Medizin war er und der Archäologie, hoch gepriesener Komponist, Schüler von Bruno Maderna, Freund von Luigi Nono und ein überragender Dirigent nicht nur des deutschen und des italienischen Fachs, welche Fülle! Er aber war auch aus einer anderen Zeit, ein Enzyklopädist, einer, der sich sehnsuchtsvoll in die Vorzeit zurückdenken konnte. Dieses Suchen nach den Wurzeln brachte ihn in das alte Zweistromland, nach Mesopotamien; sein Traum war, einmal tief in diese Erde zu steigen und nach den alten Schätzen zu schürfen. All diese schönen Altertümer, Vasen und Bilder, die seine römische Wohnung schmückten, waren sein großer Stolz: Reste, Spuren, Fragmente wieder zu einem System zu vereinen, sie in eine Ordnung zurückzudenken, dann den Kern, die Wurzel aufzuspüren, das war die Lust der Seele. Im Alten mußte doch das Neue zu finden sein: »Paß mal auf!« und der Zeigefinger zielte stracks auf dein Herz.

Wir hatten eine lange Zeit der guten Freundschaft, immer und in Mailand und im Fränkischen auf dem Hügel, den er seit so vielen Jahren bestiegen hatte, tempi passati: Als er den »Wozzeck« an der Scala dirigierte, blieben uns die Ohren offen, wie er die ganze alte Wiener Romantik im neutönenden Alban Berg wieder aufklingen ließ; wie er im vergangenen Sommer in Bayreuth unermüdlich durch die »Ring«-Proben eilte, vergnügt und fröhlich an meiner Seite: »Paß mal auf, kein Löschblatt paßt zwischen uns!« Erschöpft und müde war er dann schon und bleich nach dem endlosen Dirigier-Marathon der Tetralogie. Selbstvergessen konnte er dirigieren, und er konnte sich daran freuen wie kaum ein anderer, voller Stolz und voller Glück. Alles ist nun vorbei und kommt nicht zurück. So zu sterben, mitten im Klang der schönen Verdi-Musik, sagen die Leute, sei etwas besonderes! Nein, das ist ein Elend, er war mit seinen 54 Jahren doch viel zu jung, er war doch viel zu sehr in unserem Leben. Engelscharen singen ihm zur Ruh. »Caro mio ben, senza di te languisce il cor.«

BAYREUTH

Am 20. April 2000 begannen wir auf dem berühmten Hügel in Bayreuth mit den Proben zu Wagners »Ring des Nibelungen«. Ich hatte in meinen dreißig Jahren am Theater – vom Münchener Assistenten bis zum Hamburger Intendanten, und das alles nicht ohne Erfolg – schon manches erlebt und auch wohlgemut überlebt; das da droben auf dem grünen Walhall aber überstieg alles: Das Tempo der Probenarbeit mußte schamlos schnell sein, der Standard der Produktionsbedingungen war weit entfernt von dem, was unsere Theater heutzutage landauf landab aufweisen könnten, die Wagnersche Dynastie – Vater, Mutter, Tochter – erschien mir seltsam besserwisserisch und hochfahrend, vor allem ohne Kenntnis von und auch ohne Erfahrungen mit Erscheinungsformen und komplizierten ästhetischen Systemen, die besonders die deutschen Bühnen in den vergangenen Jahrzehnten reich und schön gemacht haben. Alles seltsam aus der Zeit gefallen, da oben auf dem Berg, auch die Wagners, wenn die immer wieder mit den immer gleichen erstarrten Ritualen zur Sommerszeit ihre alte Scheune lüften und sie einer eingefahrenen Gemeinde öffnen, einer ganz besonders beseelten Abonnentenspezies: den Wagnerianern. Warum nur gibt es solcherart Merkwürden und eben keine Mozartianer, Verdianer, Straussianer, Strawinskyaner, Nonoisten? Das wäre einmal eine Untersuchung wert. In zwölf Tagen hatten wir jede dieser vier Opern auf die Beine zu stellen, dann schon begannen in der Regel die musikalischen Proben. Einer meiner Kollegen beim Stuttgarter »Ring«, der zur nämlichen Zeit erarbeitet wurde, allerdings von vier verschiedenen Spielleitern – einer allein vermochte diese Riesensache wohl nicht zu schultern – hatte für seine »Götterdämmerung« ebensoviel Zeit wie wir für das gesamte Werk! Und all dies wurde die kreuz die quer wie im Schweinsgalopp probiert: Auf ein bißchen Waldweben und Drachenkampf folgte eine kleine Strecke mit Wotan und Alberich, und kaum hatte der dem den Ring geklaut, brachte der Hunding schon den Siegfried um; kein Tag Pause, oft gab es drei bis vier Proben am Tag, eine schier endlose Geschichte, nervtötend. Trotzdem waren es fröhliche Zeiten mit klugen Sängern und schlauen Assistenten, und so wurde das ganze gewaltige Ding, so an die 14 Stunden Wagnersches Getöse und wabernder Mythos der eigenen Machart, ein erstaunlicher Erfolg, kleine, schon traditionelle Saalschlachten inbegriffen. In den letzten Jahren hat sich dann der »Ring« wirkungsvoll gesteigert, endlich war Ruhe da zur Korrektur und Ausarbeitung und Weiterentwicklung, selbst die Wagners wurden freundlicher, und der alte Wolfgang fand sogar lobende Worte. Eines meiner vielen ungeschriebenen Bücher hätte den Titel: »Meine Jahre mit Wolfgang«.

Nach diesen erschöpfenden Monaten in der fränkischen Provinz reiste ich bald nach New York, um an der dortigen Metropolitan Opera »Fidelio« zu inszenieren. James Levine dirigierte, und eine wunderbare Karita Mattila sang und spielte eine unvergleichliche Leonore.

Bei guten Freunden, die im Sommer ein Ferienhaus am Atlantik in New Jersey bewohnen, erholte ich mich zuvor von all den Pressionen und dem überheblichen Wahn. Und schrieb mir in frühen Morgenstunden einen Albtraum von der Seele: »Wo die Liebe erbleicht« war eines der ersten Zitate von Richard Wagner, das ich mir im November 1996 in meine Ring-Kladde schrieb.

IM TRAUM,
WO DIE LIEBE ERBLEICHT

Zwischen all den mächtigen Türmen, hetzenden Lichtern, sausenden Blendungen, zwischen rauschendem Lärm und Geschrei von Hupen und nimmermüden Sirenen, zwischen gespannten Riesenhäuten mit glitzernden Hintern von Levi's, rasch laufenden Worten gab es früher am Times Square in New York City auf einer hochragenden dunklen Wand – manchmal auch im zwinkernden Auge eines der grellen Neon-Mädchen versteckt – ein klitzekleines Fensterchen, ein gelbschimmernder Ort, Ausguck über die wilde Stadt. Einmal kraxelte eine Kamera diese steile Wand hoch, im hellen Viereck saß ein junger Mann und sang traurig zur Gitarre.

An ihm vorbei wandert dein Blick, und dann öffnen sich aber die Wände, durch die Treppenhäuser zieht eine rasche Reise, durch Flure, um Ecken herum, durch dunkle Gänge vorbei an moderndnen Plastiksäcken, stinkenden Abfallhaufen, abgeblätterten Wänden; klapprige Fahrstühle surren, auf und nieder ruckeln die Paternoster: Exit, Notausgang, stählerne Stiegen, zerbeulte Feuerlöscher. Im Haus der Wünsche ist nur Wirrwarr.

Bald klappen Türen heftig auf, Wind geht, und vor einem Fenster steht im fahlen Herbstlicht der traurige Wanja, in den Händen die Rosen. Auf dem schiefen Balkon – es war die Lerche – turnt der waghalsige Romeo; in der Nische am nassen Boden wälzen sich schreiend vor Lachen Rülp und Marie und Bleichenwang, sternhagelvoll. Über den dämmrigen Flur schleift der greise König jammernd seine tote Tochter. Durch die steilen Treppenhäuser hallt ein vielstimmiger Chor, und ein Graf fällt vor der Contessa auf die Knie: Perdono! Nora verläßt fluchtartig die Puppenstube unterm Dachjuche. Aus dem rattenschwarzen Keller zerrt Leonore den Florestan am zitternden Heinrich und blöden Gretchen vorbei in die gleißende Helligkeit des Tages. Oh, welche Luft, oh, welch ein Augenblick! Draußen am Pier zur guten Hoffnung aber küssen zwei zynische Gesellen zum Abschied ihre Bräute: Addio, soave sia il vento! Überall im dunklen Haus am großen Platz kannst du sie durchs Fenster sehen, wie sie liegen und laufen, die armen Leute, wie sie irren, heimatlos und gestrandet: Im Feuer verliert sich das Käthchen, im Wasser ertrinken Marie und Woyzeck. Poppea und Alcina zaubern die Tapeten von den nassen Wänden; und immer wieder neue Säle, Ranjewskajas Kinderzimmer, Othellos Palast, Merlins Burg, Johannas Kathedrale von Reims. Durch Labyrinthe suchen wacklige Figuren einen Ausweg, vom Himmel durch die Welt zur Hölle. Plötzlich aber dann: Eherne Portale, unbewegliche hohe schwarze Flügel, die Bewegung wird langsamer, die rasche Reise stockt, verharrt, bleibt endlich stecken. Das Ohr an das kalte Metall gepreßt, hörst du von ferne, doch sehr vorlaut und herrschsüchtig, Lärm und Getöse, Klänge zuhauf, klirrende Schwerter, sausende Speere, vermischt mit dumpfem Stampfen von Riesenhorden, brüllende Schlachtgesänge, Zwerge fluchen, Schattengeschöpfe flattern durch schwüle Dünste: Monster dröhnen laut daher, und sehr leise flehen die wenigen Menschen. Auf den Knien nun, gebückt, den Kopf auf den feuchten Boden gepreßt, siehst du jetzt Licht durch den Spalt unter der Tür und schmale Streifen von hohen Gebirgen und Felsenschluchten, weiten Ebenen, rauschenden Flüssen, über den ballenden Wolken Gewitter: sind Blitze, sind Donner! Und alles bloß Natur, aber doch ein Spielzeug nur?

Der große Platz liegt verstummt und leergeräumt auf einer anderen Seite der Welt, schwebt still, im Schnee versunken; kein Leben sickert mehr durch die schwarzen Flügel. Plötzlich aber ist alles wie verrückt und aus dem Lot geraten. Das eherne Portal schiebt sich auf und fällt ächzend in die Wände und zerbricht in viele Teile. Die Staubwolken verziehen sich bald, und schließlich siehst du weit hinten über der kleinen Stadt mit ihren rotgewürfelten Dächern und schiefernen Kirchtürmen ein Gemäuer, wie eine schiefe Scheune, einzigartig in schwindelnder Höhe. Am Fuß des Berges liegen umgekippte Loren, auch Waggons der alten Bahn mit zersprungenen Scheiben. Und schnurstracks leiten die Schienen nach oben, zwischen Steinen und Schwellen grünt Gras. Mühsam gehst du hoch, der Atem wird kurz, freilich: Wer rastet, der rostet.

Die Drehtür zum alten Wartesaal ist längst aus den Scharnieren gerutscht. Im plüschigen Puppengestühl schnarchen mit weit aufgerissenen Mäulern alte Kellner, über wackligen Schulbänken hingesunken träumt die fette Kaltmamsell, wie die rote Sonne vor Capri im Meer versinkt. Zur gewohnten Stunde dann reißt der flotte Stationsvorsteher, die rote Mütze schief auf dem blanken Schädel, schlagartig beide Arme hoch, die Kelle poltert zu Boden, ein schriller zahnloser Pfiff, freie Fahrt! Und alle Kofferträger, Kellner, Kaltmamsells, Sitzkassiererinnen, Eintänzer, Pagen rappeln sich auf, kriechen und krabbeln über krumme Gleise, hüpfen laut schnatternd über die Schwellen, sie küssen und umhalsen sich, sammeln sich dann auf dem zersprungenen Perron und blicken ins Tal. Selbst das geplagte Zigarettenfräulein humpelt barfuß hinterdrein. Und endlich hebt das schiefe Signal quietschend den rostroten Arm. Die Schienen aber verlieren sich im nebligen Dunst des fernen Tals, kein Laut, kein metallisches Zischen großer glänzender Dampfmaschinen mehr, kein Surren in den dünnen elektrischen Linien. Auf den Isolatoren aus Porzellan sitzen zerrupfte Raben und krächzen im Chor: Les juifs! Les juifs! Enttäuscht rappeln sich alle wieder hoch und wackeln mühsam retour, ein jeglicher an seinen Platz, in die fleckigen Säle, wo die Fliegen summen und das Comtesserl im rosa Tutu im Licht der bunten Butzenscheiben seine selbstverliebten Pirouetten dreht.

Ferne in seinem Bahnwärterhäuschen aber kurbelt aufgeregt Wotan am Telefonkasten: Kein Anschluß unter dieser Nummer. Brünnhilde does not live here anymore, Erda, bleiche Mutter, call me toll free! Immer vergißt du die Schranke, zetert Fricka, das gibt noch mal ein Unglück. Sie wirft die Schürze auf den Küchentisch, läuft nach draußen. Die rot-weißen Gitter senken sich zitternd, ein rasender Expreß saust vorbei, die Menge am Straßenrand steht stumm in höchster Ergriffenheit und winkt. Drinnen sitzen feine Leute, schweigend ins Gespräch vertieft, in die sinkende Sonne geht die sausende Fahrt: Viermal werden wir noch wach. Prosit! und die Schampusgläser klingen! Ein Pils, Herr Ober, gegen den Durst!

Vierkommaneun, vierkommaneun, vierkommaneun, fünfkommadrei, fünfkommadrei, sechskommanull, die Tafeln rekken sich in den taghellen Nachthimmel. Das ächzende Gestühl ist pickepacke vollgestopft, die Westkurve wogt, kregle Bummler stimmen Schlachtgesänge an, Hände recken sich rhythmisch, und ein mächtiger Singsang steigt aus dem Stadion: Unserm Verein kann kein'. Wo wir sinn, sinn wir wir! Heute Schwarzweißrot! Morgen bissu tot! Eine geht noch, eine geht noch rein! Oh wi bissu schön, so was hatma lange nich gesehn!

Auf dem Rasen wackre Recken, die rackern, rennen, retten. Die Spielzeit verrinnt wie im Sand, zu viele Abseitsfallen auf holprigem Acker, steile Flanken segeln durch die feuchte Luft, klatschen in Kuhfladen; ein sliding tackling, rückwärts eingesprungen, Pfützen spritzen auf. Fliegende Körper, Köpfe rauschen knallend aneinander, Sanitäter rennen mit Bahren auf und nieder, die Masse johlt und kreischt, die Pfeifen trillern. An den Seitenlinien längs steppt der Trainer, gravitätisch wie ein Eisbär: Pfui Deibel! Fäkal! Fäkal! Wir zählen sie aus bis neun, witzeln die Gäste in der bekränzten VIP-Zone, dann raus aus'm Ring! Zigarre gefällig?

Regen kommt plötzlich auf, Wind, die Cheerleader kramen ihre bunten Siebensachen zusammen, heftige Schauer jagen nun durch das Audimax, Wolken fetzen vorüber. Schirme springen auf, alte Plastiktüten, Aktentaschen auf bejahrtem Haupt, rollen die Bummler ihre Fahnen und Transparente zusammen und trollen sich aus der nassen Schlacht: Daumen viermal rauf und runter, einfach ist das nicht, morituri vos salutant. Sagt der eine, ich sagte es doch gleich, das konnte doch nicht; wieso auch, sagt der andre; warum hat man nicht bloß, sagt sie aufbrausend, das ist doch ein himmlischer Unsinn, lacht er dröhnend; wie meinen Sie das bloß? Sagt sie und schiebt beleidigt um die Ecke. Nu nu, sagt der vorige, wenn Sie meinen, was soll man da bloß?

Alles ist leer. Leere Reihen, zerrissene Billets, Programmhefte, Pappbecher, Coladosen, auf dem nassen Rasen liegen erschöpft die Spieler. Siegmund, dieser aus der Tiefe des Raums, der freie Held, hockt verschwitzt an der Strafraumgrenze, und einsam, hoch oben im letzten Rang, winkt Sieglinde ihm leise weinend zu. Loge lümmelt auf der Bank, stupst den Trainer in die Rippen: Und Morgen fangen wir alles wieder von vorne an! (kichert) Und machen dann alles anders. (kichert)

Glaub ihnen nicht, flüstert Siegfried in Brünnhildes Ohr, du mußt los! Ich kann dich doch so nicht zurücklassen, du stirbst, solch eine Verletzung! Er richtet sich mühsam auf: Lauf, hier ist die Wegbeschreibung. Lauf! Ich komme schon noch durch, du mußt dich sputen!

Sie läuft den Schienen nach, stolpert über die Schwellen, außer sich und atemlos erreicht sie schließlich die schwarzen Flügel, und scheppernd schließt sich das eherne Portal hinter ihr. Sie hastet durch einen langen dunklen Gang, stolpert bald über die tote Cordelia, so aus dem empfindlichen Gleichgewicht geraten, taumelt sie gegen den Fahrstuhl. Die Türen öffnen sich, und sie fällt schreiend ins Dunkle, prallt gegen eine Wand und sieht über sich im runden fleckigen Spiegel das dunkle Antlitz der kleinen Antigone, die wohl schon seit geraumer Zeit schmutzige Erde auf den toten Kreon schaufelt. Sie springt auf, stürzt weiter fort, treppauf, treppab, schiebt angewidert den betrunkenen Rülp zur Seite. Sie setzt sich weinend auf die Stufen, Siegfrieds Beschreibung in der Hand. Die Augen sind blind vor Tränen, die Worte schwimmen weg, wohin bloß? Wohin bloß? Ich wurde auch einmal geliebt, einst, lallt ihr eine Stimme ins Ohr, geh dort nur noch um die Ecke, da ist das Fenster, einfach, ganz einfach.

Das weiße Gesicht neben ihr leuchtet in der Finsternis und grinst. Er riecht aus dem Hals, denkt sie, da hat er sie schon gepackt, sich auf sie geworfen und lange und feucht und schmatzend abgeknutscht. Komm, alte Käsebacke! Rülp zog Bleichenwang mit sich fort, nun aber haben wir ein Likörchen nötig!

Das Fenster ist geschlossen. Der Platz unten im tiefen Schnee ist noch immer menschenleer. Zwei Cops kantappern auf stolzen Rappen vorüber. Grane, mein Roß, ruft Brünnhilde verzweifelt und pocht ans eiskalte Fenster.

Als ob jemand oben am blinden Fenster kratzte, schüttelte er den Kopf und hing sich die Gitarre um. Er wandte sich ab, die kleinen blauen Zettel hochgereckt, take one please. Der Wind pfiff durch die hohen Straßen. Ihn fröstelte, und es begann wieder zu schneien. Was soll's, sagte er laut zu sich, will ja keiner. Er warf das Bündel in den nächsten Korb. Do not litter! Er vergrub die frostklammen Fäuste in den schmalen Taschen der dünnen Jacke: Mein Kopf ist ein leerer Tanzsaal. Er eilte davon, you must take the A-train, last exit Arezzo.

Der Wind sauste nun stärker durch die Straßenschluchten und wirbelte all die blauen Zettel hoch, daß diese durch die ganze große Stadt segelten. Einer allerdings flatterte ganz hoch und blieb wie durch Zufall am kleinen Fenster oben haften. Brünnhilde, die verzweifelt die Eisblumen weghauchte, las erstaunt eine Buchstabenreihe: DOROTHEENATASCHALAURAGÜNTERBIRGITALANHANSJOACHIMROLANDKIMJOHANNPHILIPRICARDAMICHAELMETTEPLACIDOWALTRAUDGABRIELEIRENEJUDITJOHANNAEVAJANEANNETTEYUMIWOLFGANGCLAUDIAJOHNVIOLETAIRMGARD und etwas Italienisches wie: San Francesco acaccia i demoni da Arezzo, dazu ein fahles Bildchen von einem Herrn Giotto und ein DANKESEHRVIELMALSCHÖN.

Wenn man nur wüßte, Siegfried, rief sie laut aus, wenn man nur wüßte!

RUDOLF AUGSTEIN

Als die im Frühjahr 2002 verstorbene verehrungswürdige Gräfin Dönhoff zur Ehrenbürgerin der Hansestadt Hamburg gewählt war, gab es im Kaisersaal des Rathauses eine kleine Feierstunde. Nach dieser Ehrung eilte ich zu Rudolf Augstein – auch Ehrenbürger unserer Stadt –, um ihm wie stets meine höfliche Aufwartung zu machen, schließlich ist er einer der Gründerväter unseres republikanischen Gemeinwesens. Ich sei Jürgen, flüsterte ich ihm zu, denn er sah nicht mehr so gut. Das wisse er sehr wohl, knurrte er, und wie sich das denn so mit dem »Ring« in Bayreuth anließe? Er werde selbstverständlich erscheinen und auch darüber berichten. Mir wurde angst und bange, allerdings ging es glimpflich ab, später, in seiner Gazette, dem »Spiegel«. Ob er denn nicht lieber mitsingen wolle statt zu schreiben, versuchte ich einen kleinen Scherz – wissen wir doch alle, wie sehr der mächtige Mann der Sangeskunst verfallen war: Fasolt oder Fafner? Dann doch eher Siegmund, gab er mürrisch zurück. Meinen Einwand, daß die Partie wohl kaum seine Lage sei, konnte ich nicht mehr zu Gehör bringen. Rudolf Augstein stimmte gleich »Winterstürme wichen dem Wonnemond« an, lauthals, in Hamburgs guter Stube: Die Gäste im Saal drehten sich verdutzt um und hörten sich das kleine Ständchen an, keiner tat einen Mucks. Nur die Gräfin lachte fröhlich und winkte im Kreise ihrer Lieben dem alten Freund zu. Der Sänger in seinem tiefen Stuhl sang aus vollem Herzen. Da laß dich eben ruhig nieder.

DIESER VERDAMMT HELLE KOPF

Die vornehmen Hamburger waren außer Rand und Band: In der siebenten Reihe stand ein weißes Dinnerjacket und reckte zu grölendem Buh seinen mittleren Finger in die Luft, pfui Teufel! Ich habe mich erfolgreich an »Hoffmanns Erzählungen« von Jacques Offenbach vergangen. Eine Geisteroper, die es eigentlich nicht gibt. Am Bühnenausgang wurden wir bespuckt, der schmächtige Tenor zog mich rasch hinter sich her auf eine eiskalte Premierenfeier, die wir bald fluchtartig wieder verließen, alsterwärts zu Paolino! Da saßen sie nun wieder, bekannte Gesichter, bekannte Gefühle, aber aus einer Ecke löste sich einer und segelte mit ausgebreiteten Armen auf mich zu und umarmte mich und rief, er habe »Hoffmann« schon mindestens dreizehnmal gesehen, das sei aber bestimmt die schönste aller Aufführungen gewesen. Ich errötete, wie schon einmal vor vielen Jahren, und dann saßen wir, bis der Morgen über die Alster kroch, und er sang mit dem Tenor von der Met um die Wette, und mir ging es wieder richtig gut.

Wer die Sänger waren? Neil Shicoff und Rudolf Augstein. Anfang der achtziger Jahre. Schon auf der Schulbank, Ende der Fünfziger, den Kopf tief unters Pult gebeugt, las ich mit roten Backen, unseres reaktionären Deutschlehrers Donnerwetter gewiß, als wär's ein obszönes Heftchen, in seinem Blatt. Diese Zeitschrift war ja ständiger Begleiter einer Generation, die man später die 68er nannte und die zu schmähen heute so lockere Mode ist; diese kritischen Eierköpfe kennen allerdings die verknorzten Jahre der frühen Adenauer-Republik nicht oder mögen sich zeitgeistig nicht mehr erinnern, wie kalt die Luft und wie ätzend der Nazi-Gestank damals noch war!

Lange Jahre war Augstein für mich also: wichtige Wörter, freche Zeilen, beißende Kommentare von Jens Daniel und Moritz Pfeil; dann aber ein Bild! Rechts ein Mann, kräftiges Kinn, Balken im Gesicht, anonymer Staat, daneben, fast trotzig, wie zum eigenen Schutz eine Zeitung vor der Brust, der Bürger Augstein auf dem Weg in den Knast. Die berühmte Affäre brachte mir ein sauberes mangelhaft ein, als unser Deutschlehrer seine Unterprima per Aufsatz auf den ethischen Prüfstand bat: Zwischen Staatsräson und Pressefreiheit hieß es sich zu entscheiden.

Das war nämlich Anfang der Sechziger und im katholischen Köln des Kanzlers Adenauer. »Lernt Rheinisch mit Konrad Adenauer!« hieß eine überaus beliebte Reihe des Kölner Funks wenig später. In der Lektion »Die Satzmelodie« pustete dem gutgelaunten Hörer eine muntere Posaune Adenauers berüchtigten Satz »Holense ma einen aus Tanger eraus!« nach, eine langsame Melodie, kölscher Blues, kaum merkliche rhythmische Verschiebungen: Da kam Freude auf im Westen!

Daß der Häftling in der Bibel las, verwunderte mich nicht wenig, hätte ich ihm das doch zuallerletzt zugetraut. Das ist doch ein Kommunist, eiferte sich der Gymnasiallehrer, so kam er mir allerdings näher, der Landesverräter! Das Foto, auf dem er den Barzel im Parlament so artig begrüßte, gefiel mir nicht sehr, sah ich ihn schon gleichsam im Bonner Glashaus verwelken.

Die frühen Bilder beginnen zu laufen: Nach einer Premiere im Thalia, das war Anfang der Siebziger, es war wohl die »Lulu« mit der schönen, aufregenden Andree, als die blonde Inge und ich uns in Augsteins Auto wiederfanden und auf eine hamburgische Feier nach Harvestehude kutschiert wurden. Thalia-Chef Gobert war ein wenig pikiert, kaum in Hamburg und dann gleich so was, na so was! Mir gefielen aber die Nähe und das Reden und Debattieren, auch die Aufgeregtheiten ungemein. Dieser verdammt helle Kopf!

Die vornehmen Hamburger waren außer Rand und Band, sie riefen Bravo! Und Dichter Rainer Werner Fassbinder umarmte mich, und ich hatte meine erste Inszenierung in Hamburg im Thalia hinter mir: »Bremer Freiheit«, das war im Dezember 1971. Hinterher, in Pöseldorf beim Bier, luden die Bremer Theaterleute zu ihrer »Freiheit« ein, dort sähe man das richtige Stück von Rainer Werner, weil von ihm, der Mary selbst einstudiert, und von Minks sei nämlich auch das Bild und sowieso! Und viele nickten verständnisinnig, und mir sank der frische Mut, und sowieso, wer war ich auch?

Bald darauf im Schauspielhaus, im Foyer, rief mir jemand von weitem etwas zu, ich drehte mich um; das sei doch viel besser gewesen hier in Hamburg, er sei ja extra mal nach Bremen gefahren, viel besser hier und genauer und professioneller. Da war er wieder, Augstein! Und ich errötete.

Wie wir wissen, beläßt er es aber nicht nur bei Bekundungen und Meinungen oder gar Kritiken, mitgemischt hat er allemal, und das wohl nicht nur in Hamburg: Boy Gobert – über die Maßen erfolgreicher Thalia-Direktor – sollte einmal hanseatischer Generalintendant werden, ein siegestrunkener Klose habe es ihm, hieß es, in einer Wahlnacht versprochen. Da soll sich Augstein samt Entourage ins Kulturgetümmel geworfen und der Obrigkeit bedeutet haben, was der Gründgens-Bühne gebühre: Gobert floh tief gekränkt nach Berlin. Aber vielleicht hätte er dem gebeutelten Haus am Bahnhof nach all den aufgeregten Nagel-Zeiten sehr gut getan, wer weiß! Ruhe war aber keine Bürgerpflicht und die Augsteins sicher erst recht nicht, Günter Eichs Sandkörner passen da besser, das glatte Getriebe der Welt zu stören.

Auch die allzu höfliche Verbindlichkeit ist selten seine Sache, das allzu leichte Geplänkel im seichten Geplauder hanseatischer Tafelrunden auch nicht, und wie der Blitz aus heiterem Himmel widerfährt einem hannoversches Geraunze, daß man sich unwillkürlich selbst das Maul verbietet: Der Mann ist einfach zu gescheit.

An einem schönen Sommerabend bei Böhmes ratschlagen Peter Zadek und ich, wie wir die Bausch und ihre Truppe nach Hamburg locken könnten. Der anwesende Bürgermeister blieb mit verschränkten Armen und hochgezogenen Brauen hartohrig, offensichtlich mißfiel ihm dieser Wuppertaler Krimskrams. Peter schlug vor, also mit Rudolf zu reden! Der lümmelte auf einem Sofa, wir machten uns ran und säuselten eine brillante Doppelconférence: über die Vorzüge des deutschen Tanztheaters, über die Bausch im besonderen, über die notwendigen Gegensätze zu den Neumeierschen Positionen, wir garnten und schwafelten und kamen kaum noch zum Punkt, als der Mann in der Sofaecke uns kurz anknurrte, von ihm bekämen wir nichts, falls das unsere Absicht sei! Darüber aber hatten wir noch nicht gesprochen, wir zogen uns rasch auf einen Balkon zurück und schwiegen ein bißchen.

Daß er aber viel gibt, wenn er will, wissen viele. Ich auch, und das kam so: Die vornehmen Hamburger hatten sich wieder mal mächtig aufgeregt und die Augen über dem Kopf zusammengeschlagen: Das Thalia-Theater hatte eine erhebliche Summe, mit der es von einer Firma gesponsert werden sollte, mir nichts, dir nichts abgelehnt; weil eben jene Firma Teil einer Firma ist, die, was jedermann weiß und in einem späteren Krieg am Golf auch auf der falschen Seite zu besichtigen war, jede Menge von Waffen herstellt. Und verkauft.

Die Wellen der pfeffersäckischen Empörung schlugen hoch, gerade so, als hätten wir eben jene Summe gleichsam veruntreut, verhurt oder versoffen. Der Wind blies uns bannig ins Gesicht, daß wir eiskalte Nasen bekamen, und zu allem Verdrusse hatten wir auch noch einen Teil der Summe recht voreilig verplant; also keine leichte Sache das! Entnervt fuhr ich in umbrische Ferien, täglich kamen neue Tatarenmeldungen; recht schattige Sommertage.

Da rief auf einmal Rudolf an, und ich erzählte; und er erregte sich über die Firma, und ich gestand, und er sagte, das kriegst du von mir, und dann hängte er ein. Und ich saß da und konnte es nicht fassen, daß es so was gibt. Und das gibt's! Und den gibt's: Rudi Augstein. Und der Himmel war wieder blau.

Was Gazetten heute vermelden, erfüllt einen ja geradezu mit öder Trauer, wo sind sie hin, die Jahre der großen Kämpfe?

Unsere größere Republik ist merkwürdig kleiner geworden! Einkaufswagen, Putzfrauen, Umzüge, jämmerliche Lügereien vor Ausschüssen; die Skandale sind nicht mehr das, was sie einst waren! Wie ging es Augstein damals in den Gründerzeiten um harte Positionen, um lange Perspektiven, um die Zukunft einer anderen Gesellschaft, so verkommen wie das war, sollte es nie mehr werden.

Die geteilte Welt hat einen Diskurs herausgefordert, den eine Welt der enorm vielen Teile nicht mehr provozieren kann: Wer aber zettelt den öffentlichen Skandal über den elenden Zustand unseres Gemeinwesens an? Die alte Republik hätte ohne Augstein anders ausgesehen, das ist klar. Klar ist auch, daß die neue sich verändern muß, da wird er doch gebraucht, der Unruhestifter, der Pfeil.

Er geht immer noch in meine Premieren, seltener jetzt, manchmal geht er auch mittendrin raus. Aber ab und an telefoniert er, kritisiert mich nicht zu knapp, bestellt immer gern Grüße an die Schauspieler. Denn er hat einmal ein Theaterstück geschrieben und weiß um Umgang.

RICHARD VON WEIZSÄCKER

Sein Besuch im Theater war angekündigt: Der Präsident wolle die Aufführung der »Minna von Barnhelm« anschauen und danach noch mit den Schauspielern sitzen, das tat er gerne und ausführlich. Kurz vor acht fuhren die Limousinen vor, die Sicherheit bezog Posten bis zum Portal des Thalia, die Zuschauer und eine Menge von Gaffern klatschten ein Willkommen.

Plötzlich aber baute sich ein mächtiger Mann vor uns auf und: Auf ein Wort, Herr Präsident! Dieser entgegnete freundlich, er bäte um Entschuldigung, nun habe er ja keine Zeit, auch wolle er die Schauspieler nicht warten lassen. Später habe ich mich oft gefragt, warum ich das nicht habe kommen sehen, zumal der Mann zuvor törichte Flugblätter verteilt hatte. Er holte kurz aus und schlug dem Präsidenten ins Gesicht. Man glaubt eben nicht, daß so etwas passieren wird. Es geschah wie in Zeitlupe: Weizsäcker glitt von meiner Seite, ich versuchte ihn noch zu halten, er aber taumelte, stolperte über den Bordstein und fiel rücklings zwischen zwei parkende Autos. »Richard!« schrie seine Frau Marianne; er lag mit blutender Nase im Rinnstein. Die Sicherheitskräfte hatten den Schläger längst gepackt und auf den Boden geworfen. Weizsäcker rappelte sich indes langsam wieder auf, ich stützte ihn und wir eilten durch die wartende Menge, die wiederum applaudierte, ins Theater, kaum einer hatte etwas von dem Vorfall bemerkt.

Die Vorstellung begann pünktlich, Minna und ihr Tellheim und Franziska und Just und der Rest der Lessingschen Personage spielten anfangs mit verhaltenem Atem. Weizsäcker atmete tief, seine Frau hielt seine Hand, ab und zu tupfte er die blutende Nase. Die Geschichte von dem resoluten Fräulein aus Sachsen und dem ehrpusseligen Major nahm ihren Lauf, die Spannung auf der Bühne löste sich mit der Zeit und das Publikum lachte. In der Pause saßen wir im Konversationszimmer der Schauspieler, draußen lungerten schon die Fotografen herum. Ob wir das Thalia nicht besser durch einen Seitenausgang verlassen sollten, fragte ich vorsichtig angesichts des zu erwartenden Trubels. »Ich bin vorne hinein, und da gehe ich wieder hinaus«, war die sehr bestimmte Antwort. So schoben wir uns nach Ende der Vorstellung durch einen schnatternden und aufgebrachten Pulk von Fotografen, die sich um die besten Bilder balgten, Blitze, Geschubse, Geschrei. Endlich saßen wir in der Staatskarosse und sausten davon: »Immer die Minna«, sagte er schon wieder fröhlich. »Wissen Sie noch, in Berlin?«

Der Schläger gab später zu Protokoll, er habe mit seinem Angriff auf die Verwicklungen der Familie Weizsäcker während der Nazizeit aufmerksam machen wollen. Seltsam, mit Schlägen. Hätte er zuvor das Buch von Joachim Fest über den 20. Juli gelesen, hätte er sich wahrscheinlich viel Ungemach erspart. Und nicht nur sich. Einmal noch kam Richard von Weizsäcker in unser Theater. Es war während des evangelischen Kirchentags, und er sah »Onkel Wanja«. Hinterher saßen wir dann alle friedlich zusammen und aßen und tranken und disputierten.

WAS UNS ZUSAMMENHÄLT

Es hatte vorher schon ganz schön gedonnert und geblitzt, der Sturm zerrte ungestüm an den Dächern des kleinen Theaters, unverhohlen linsten die Schauspieler zur Decke, wenn es wieder klapperte und rappelte. Dann zuckten auf einmal die Scheinwerfer, glühten auf und verstarben sanft; kaum hatte der wackere Just, Tellheims braver Diener, den schnippischen Satz des Fräuleins frecher Zofe Franziska, daß man doch verzweifelt wenig sei, wenn man nichts weiter sei als ehrlich, verdaut, da fiel das Berlin der Minna von Barnhelm in tiefe Düsternis. Ein Blitz war irgendwo in irgendeine Schaltstation gefahren.

Verzweifelt wenig blieb uns, ehrlich, wir konnten ja kaum im Dunkeln weiterspielen – obwohl ein heiterer Berliner, deren Humor einem so recht ans Herz geht, rief, wir sollten doch weitermachen, so könne man Lessing wenigstens hören, zu sehen bekäme man den sowieso nicht.

Ich stand bald aufgeregt zappelig an der Rampe herum, ich wußte partout nichts zu sagen, aber mein Blick fiel auf den grauhaarigen Herrn unten in der Mitte des Parketts, der so amüsiert heraufblinzelte, und in meiner Not fragte ich ihn, ob er nicht verantwortlich sei für diesen plötzlichen Einbruch zeitgenössischer Dunkelheit in die Helligkeit Lessingschen Witzes. Er aber hob bedauernd die Arme und meinte, daß ich wohl die Allmacht eines Regierenden überschätze, auf Blitz und Donner könne selbst er nicht einwirken.

Der Zuschauerraum lag im gelben Dämmer der Notbeleuchtung – hinter mir hockten die Schauspieler ratlos auf der Bühne, und ich begann auf einmal fröhlich zu parlieren, ein bißchen hochstaplerisch, dem Herrn von Marlinière gleich, redete über Lessing und Berlin und über den großen Friedrich und merkte bald, daß ich nur zu dem Herrn Regierenden

Bürgermeister da unten sprach, eben weil jener so zugeneigt lächelte und den Kopf wiegte und dann und wann nickte; mich so aufmunternd, kamen wir über die Zeit. Dann hatte wohl eine hilfreiche Hand in irgendeiner Station irgendeinen Hebel umgelegt, die Scheinwerfer zuckten heftig und flackerten wieder auf, Franziska und Just holten wieder tief Luft und verbissen sich ineinander, Lessing im Munde.

Irgendwie tat es mir leid, ich hätte dem Herrn dort unten gern noch etwas erzählt, denn ich kannte ihn ja schon viel länger als er mich. Er war mein erster Präsident gewesen. Als ich noch viel jünger war, stand er ganz hoch oben weit über mir, von den wunderbaren blechernen Klängen der Posaunenchöre umtost, hinter ihm die flatternden Kirchenfahnen und frommen Losungen, und er, Wind in den widerspenstigen Haaren, so daß die Hände immer wieder herauffuhren, sprach von Christus und der Welt und so auch von uns, von der Verantwortung eines Christenmenschen. Ich hatte ein grünes Hemd an und ein Tuch um den Hals und war im Vereine mit anderen christlichen jungen Männern. Das war ein evangelischer Kirchentag, und meine Mutter, Presbyterin im vorörtlichen Kirchlein, mochte ihn auch.

Ich gebe gern zu, daß in mir eine gehörige Portion untertäniger Geist steckt, daß ich gerne zu Großen aufblicke und mich bevorzugt in Bezirke von Huld und Gnade begebe, das war schon als Kind bei meinem Geigenlehrer so oder beim Torwart des heimischen Fußballvereins, vom Direktor des städtischen Gymnasiums ganz zu schweigen!

Als ich aber dann in der Folge dieses eher ungewöhnlichen

Berliner Blackouts dem Bürgermeister näher kam, war ich erstaunt, daß der anders war als viele andere. Der konnte lächeln und fragen und hören und schweigen. Und spötteln. Wie er da herunterkam von den posaunenumtosten Höhen, brauchte er offensichtlich keine Wanderschuhe oder fröhliche Lieder auf kesser Lippe.

Als er dann mein zweiter Präsident wurde – auf so einen hatte ich also schon lange gewartet –, haben sich viele dieser Augenblicke mannigfach wiederholt, der geneigte Kopf und das fröhliche Lächeln, Labsal für einen wie mich, der auszog, den Umgang mit hohen Herren zu üben, ungewohnt die Geduld und die neugierige Aufmerksamkeit.

Einmal rief der Sekretär an und teilte mit, der Präsident sei bald in unserer Stadt und wolle gern in das Theater gehen. Aber ach! Panik ergriff mich, wir spielten nicht an dem Abend; lediglich letzte schwere Proben auf der Bühne, »Die Nibelungen«, deutsches Gemetzel! Vielleicht interessiere den Präsidenten ja auch diese Probe, fragte ich etwas unsicher, aber voller Hoffnung an; warum sollte er nicht?

Und dann fuhr an dem Abend tatsächlich die Staatskarosse am kleinen winkeligen Bühneneingang vor, hurtigen Schrittes ging es ins Theater, er erfreute sich des Anblicks der wartenden Schauspieler und erinnerte sich noch gut an den Tellheim des Herrn Bantzer, damals in Berlin, als das Licht ausfiel.

Da saß er geduldig im hinteren Parkett nahe am Regiepult und sah sich diesen schrecklichen Mord und Totschlag an, wie Hagen den Siegfried meuchelt und Kriemhild den Hagen und alles in Schutt und Asche fällt und Etzel stumm die Last der

Würde dem Dietrich aufbürdet. Und sparte in den Pausen nicht mit kritischen Anmerkungen und lobenden Beobachtungen.

Spät in der Nacht, nach all dem deutschen Lug und Trug auf der Bühne, fuhr er weiter, machte sich auf den Weg nach Kiel.

Einmal steckte er mir in Bonn einen Orden an, ich freute mich sehr. Nie und nimmer hätte ich diese Auszeichnung angenommen, früher hätte ich mich eher geschüttelt, beim langen Marsch durch die Institutionen! Aber nach dieser Rede zum 8. Mai? Hatte er geahnt, als er daran arbeitete und wohl immer wieder las und korrigierte, daß dieser Text, diese wichtigen Sätze viele von uns nach dem Krieg Aufgewachsenen und mit der Geschichte der westlichen Republik Verwachsenen, doch schwerlich Erwachsenen mit der Hast und der Hetze der frühen Jahre versöhnten? Wußte er, als er sich über die Rede beugte, daß er eine Trauerarbeit leisten müßte, die noch kein konservativer Politiker vor ihm bereit war zu leisten? Ich bin sicher, er wußte es, und das ehrt ihn über die Maßen.

Als ich einmal im Mai in Holland war, gingen am hellen Abend plötzlich, für mich unvermutet, alle Laternen an, der Verkehr stockte auf den Straßen, und in unserem Restaurant schwiegen die Menschen zwei Minuten lang. So gedenken wir unserer Befreiung, flüsterten mir meine Freunde zu. Ich holte tief Luft und dachte, wie lange wir in unserem Land auf die Rede von Richard von Weizsäcker warten mußten und wie fern wir noch von diesen Momenten des Stockens und Innehaltens sind.

Einmal, auf einer Veranstaltung des Bergedorfer Gesprächskreises, fragte er listig und genau in eine sich gerade verwirrende Debatte, was das denn wohl sei, das die alten und neuen deutschen Länder zusammenhielte? Beredtes Schweigen sonst so beredter Schlauköpfe. Eine sagte dann forsch, unser Land! Ein anderer rief, die Tradition, die Geschichte, ein dritter, natürlich: die Kultur! Klar, ja klar, alles das ist nicht falsch. Aber was tun wir in und mit diesem schwierigen Land, wenn es nicht solche Leute gibt wie Richard von Weizsäcker; da wird mir angst und bange. Menschen wie dieser halten zusammen, davon haben wir zu wenig. Zu viele ziehen ihren Vorteil aus anderem, aus neuer Trennung. So wird er mir fehlen, der Präsident, das weiß ich schon jetzt.

HENNING RISCHBIETER

Nach meiner mühsam errungenen Reifeprüfung am Deutzer Gymnasium eilte ich stracks auf die Kölner Universität und warf mich ins Studium der Germanistik und der Theaterwissenschaft und der Soziologie. Meist aber hingen wir im Hörsaal 7 herum, um dort praktische Übungen zu üben. Abends sausten wir zum Schauspielunterricht in das staubige Kellertheater, um auch dort kleine Stücke, wie von Grass, Weiss und Mrożek, auf winzigen Brettern, die uns sehr wohl schon große weite Welt bedeuteten, hochleben zu lassen. Zu der Zeit begann ich mit roten Backen das Zentralorgan der Branche »Theater heute« zu lesen, das sich ein französisches »Theatre aujourd'hui«-Magazin zum Vorbild genommen hatte. Auf einer Tagung der Dramaturgischen Gesellschaft in den Kölner Kammerspielen – einer der schönsten, nun leider verschwundenen Theaterräume – lungerten wir naseweisen Studenten herum, und es war sehr fade. Die würdigen Herren auf dem Podium hatten von vielem wohl eine Ahnung, nur vom Theater nicht: Da war Brett vorm Kopf und Blindheit und Taubheit gleichermaßen pathologischer Befund, das war eine sehr verläßliche Diagnose unsererseits!

Irgendwann aber riß ein gedrungener Mann mit mächtigem Baß und spöttischem Singsang die müde Bürgerrunde hoch: Wie sich das ändern müßte mit dem deutschen Stadttheater, ja wie, klappten wir unsere Wascheln begierig auf! Papagei oder Affe? Das kleine Organon vom großen Brecht? Und derlei Einlassungen mehr! Das war der Herr Rischbieter, flüsterte meine liebe Cornelia mir zu. Der von »Theater heute«, weißte! Der ist ja toll, flüsterte ich zurück. Und begann ein gänzlich neues Studium generale theatrale. Und das war gut so.

DER RIESE

Das kam natürlich wieder einmal von dem unmäßigen Trinken. Der frühe Morgen kroch herauf, und ich wurde langsam wach. Die Vögel in diesem verwachsenen Garten – mit seinen wilden Rosen und den alten Gartenstühlen hat er mich immer wieder an die Märchen meiner Kinderzeit erinnert – zwitscherten ihr Frühstückskonzert. Alle andern waren schon zu früherer Stunde in dem alten gotischen hohen Haus verschwunden und schliefen nun ihren gerechten Rausch aus. Hinkel, Gockel und Gackeleia! Da schaute ich nun dem Tag entgegen und genoß die morgendliche Stille in diesem Kaff bei Hannover. Ich sollte noch ein wenig warten, und tapfer war ich schon lange! Und da lag er im Sessel; der mächtige, kurzgeschorene graue Kopf nach hinten weggeknickt, und aus dem offenen Mund tönte heftiges, heiseres Schnarchen. So ein Riese. Henning, dachte ich, ich kann warten. Diesmal entkommst du mir nicht. Bald wirst du aufwachen, und dann reden wir. Und irgendwann bewegte sich der Riese und öffnete seine kleinen Augen, grinste über die ganze Breite seines Gesichts und fragte spöttisch, wieso ich denn noch da sei, er sei wohl einfach so eingepennt. Ob er das nicht immer nach einem gewissen Quantum täte, fragte ich zaghaft zurück. Ach, Jürgen, erwiderte er wegwerfend und schloß wieder die Augen, herzhaft gähnend. Halte ihn wach, ermahnte ich mich, die Gelegenheit ist günstig! Jetzt pack ihn dir!

Ich müsse ihn mal etwas fragen, was ich ihn schon längst einmal hätte fragen wollen, mich aber nie getraut hätte zu fragen. Er lachte wieder, dieses gutmütige Riesenlachen mit dem freundlichen Spott, ich solle reden: Ob er noch wisse, wie sie beide einmal in diesem alten verwunschenen Garten am Kamin gesessen hätten, an dem Kamin, an dem so viele Schauspieler – wie zum Beispiel der Brombacher – mitgemauert hätten. Und da hatte der Riese mich einmal gefragt, nicht ohne leutseliges Gehabe, was ich denn so vorhätte in der nächsten Zeit, da am Thalia in Hamburg, bei dem Herrn Gobert, den er, der Riese, nun mal nicht leiden könne. Ich hatte damals gestottert, daß ich so wahnsinnig gerne einmal den zweiten Eduard vom Marlowe inszenieren wollte. Natürlich sollte dies in der Bearbeitung des großen Kollegen Brecht geschehen, ich hätte schließlich gewußt, was dieser dem Riesen bedeutete. Da hätte der Alte von Wunstorf bedrohlich die Stirne gerunzelt und streng gemeint, ob ich denn schon einmal das Buch von Canaris über diese Bearbeitung studiert hätte. Natürlich hatte ich nicht, aber ich könne ja noch. Da könnte man was lernen, der hätte die Brechtschen Fehler pingelig herausgefunden, der Canaris.

Ich war ziemlich eingeschüchtert. Aber warum ich denn bloß dieses Stück machen wolle, hätte er mich weiter verhört. Nun, hätte ich wiederum gezögert, das sei doch eine wahnsinnig spannende Geschichte, wie da so ein König sein Land verlöre, weil er sich in einen Strichjungen verliebe, und alles in Schutt und Asche fiele, weil er nicht von Gaveston lassen könne; und im übrigen sei diese schöne Geschichte auch noch wahr! Ach ihr immer mit euern Geschichten, hätte er geseufzt, und das hätte ihm der Bondy neulich auch gesagt. Na ja, kann ja auch mal recht haben, der Luc, hätte ich noch gedacht.

Der graue Riese im Gartenstuhl räkelte ich: So, habe ich das damals gesagt? Lächelte und gähnte. Ja klar, sagte ich, und der Volker hat mir das Buch geschickt. Ein gutes Buch, nicht? sagte Henning. Ja, sagte ich, und gelesen hab ich es auch. Sieh mal an, grinste Henning. Und dann habe ich die Brechtsche Bearbeitung bearbeitet und so gemacht, wie Volker meinte, daß man es machen müßte, also den Brecht zu ändern, wenn man ihn ändern kann und die Schalls nix merken. Und das habe ich auch so inszeniert, nicht wahr. Jaja, meinte der Henning, der Große, er habe es ja schließlich gesehen, und habe er nicht auch darüber geschrieben? Ja, dachte ich, jetzt habe ich dich! Natürlich hat er im Branchenblatt darüber geschrieben, aber klar, und habe am Schluß dieses milden Verrisses (nebenbei: die Aufführung war natürlich ein rauschender Erfolg und nachweisbar die Erfindung der allgemeinen Schmuddelästhetik – oft kopiert, nie erreicht), er habe also am Schluß dieser kritischen Bemerkungen einen mir höchst rätselhaften Satz geschrieben, in dem er den Regisseur dazu aufgefordert habe, das Buch von Canaris zu lesen... Und nun wartete ich, seit der Morgentau mich weckte, darauf, daß Henning dem Jürgen dieses Rätsel mal erklärte.

Schweigen, Stille, Erinnern, Vergessen; Wunstorf am Ende der Welt! Dann grinste Henning und fragte sich ungläubig, ob er so was geschrieben habe, daran könne er sich gar nicht mehr erinnern! Ich atmete tief die würzige Morgenluft ein. Was ich mir denn bloß einbilde! Meine Güte, die Theaterleute, die arbeiteten doch verbissen wochenlang an so einer Aufführung, und die Kritiker sollten dann in drei oder noch mehr oft quälenden und ermüdenden Stunden – er gähnte unwillkürlich – herausfinden, was diese Regisseure sich da hätten mühsam einfallen lassen! Er lachte schallend: Das könne doch wirklich keiner! Wie ich mir das denn wohl vorstelle! Junge Junge, dachte ich und saß wie vom Donner gerührt. Der Mann hat sicher recht, und wie der recht hat. Und beschloß, künftig bei meiner Kritik der Kritiken der Kritiker weitaus mehr Milde walten zu lassen als bisher!

Henning wuchtete seine massige Gestalt in den Wunstorfer Himmel und meinte, wir sollten jetzt erst mal das Frühstück machen und dann auf dem Spaziergang durch das Moor noch einmal über das grundsätzliche Mißverständnis reden, außerdem erzähle man ja, daß er grundsätzlich bei Aufführungen einzuschlafen pflege, das sei ein ungeheuer sicherer Gradmesser.

Nun gut, sollte diese infame Unterstellung wahr sein, dann haben wir langweiligen Theaterleute es nur und allein uns selber zuzuschreiben: Ist es nicht nach Shaw die höchste Leistung der Schauspielkunst, die Zuschauer am Husten zu hindern? Sollte es nicht das höchste Ziel der Regiekunst sein, Professor Rischbieter am Schlafen zu hindern? Liebe Leute, wißt ihr, wann dieser Mann jeden Morgen aufsteht!

Aber er kann nicht immer geschlafen haben in all den langen Jahren. Er war hellwach in Ulm und Bremen, hat genau hingeschaut bei Steins »Gerettet« und der Schaubühne. Ja, Rigorismus kann so anstrengend sein, und Freundschaft schützt vor Verrissen nicht – da geht er ganz aufrecht. Sein voreingenommener Spott ist oft ärgerlich, und manchmal hört er nicht zu, aber er kann die Jungen alle um sich versammeln wie kein anderer.

Und er bekam schon in Hannover – überaus wachen Sinnes – die Zadekschen Kruditäten bei dessen »Cymbeline« in seinen Quadratschädel, da packte viele andere noch der abendländische Graus angesichts dieses genialen Banalisten.

Rischbieter hat wohl etwas versucht, das andere seiner Generation nicht einmal denken konnten in diesen Jahren nach dem Krieg, als die meisten deutschen Theater den Sand aus dem Kopf zogen und so taten, als wäre da nichts gewesen. Kortner und Piscator blieben einsame, übel gelittene Rufer in dieser nachfaschistischen Theaterwüste. Und dieser hannoveranische Sozialdemokrat glaubte wohl an so etwas wie Trauerarbeit auf dem Theater und machte sich bedächtig ans Werk: das Theater als Ort der Aufklärung zu formulieren. Diese so oft belächelte und ebenso gefürchtete Zeitschrift ist sicher, bei aller Wertschätzung für Melchinger, Wendt, Becker und Co., allein sein Werk. Und daß er dieses Blatt oft einseitig, parteiisch im hemmungslosen Engagement für dieses politische Theater strategisch benutzte, war wichtig und historisch richtig. So sehr uns das oft schmerzte und wütend machte und noch macht. So ist er, der Henning, dieser Sturkopp ist immer ein rigoroser Moralist geblieben.

Leider ist er nie Intendant geworden. Davor hat er sich immer gedrückt, und nun ist er Professor in Berlin. Den verwunschenen Garten mit dem alten gotischen Haus hat er verlassen, eingetauscht gegen das dunkle Dickicht in Kreuzberg.

Beides sind seine Orte, mit Knurren, Spott, Rotwein und uns. Du weißt schon, Alter.

WILLY MILLOWITSCH

Muß ich Zweiflern, und deren gibt es viele, meine schöne Stadt Köln erklären, stelle ich der skeptischen Runde zumeist eine freche Frage: Welche Stadt in unserem Vaterlande hat solch höchst unterschiedliche und dennoch zeitgeistlich miteinander verknüpfte Einwohner in ihren Mauern behütet wie den Adenauer, der noch auf dem Sterbebett seine weinenden Angehörigen beschieden haben soll: He jitt et nix ze kriesche! Was verdolmetscht soviel heißt wie, daß es zum Heulen keinen Grund gebe, welch rheinische Gemütsmelodie. Und den Kardinal Frings, der ein echter Linker auf dem Zweiten Vatikanischen Konzil war, mit einem Souffleur Ratzinger an seiner Seite. Dieser Kardinal hatte in den eiskalten Nachkriegswintern das Kohlenklauen von vorbeiratternden Güterzügen als durchaus läßlich deklariert. Als »fringsen« ging dieser Kohlenklau alsbald in die kölsche Sprache ein. Und den Nobelpreisträger, den guten Hein Böll, und jene Protagonisten eines sehr lebendigen Volkstheaters, so die Trude Herr und den Sproß einer der ältesten europäischen Theaterfamilien, der selige Willy Millowitsch. Sagt selbst, kann eine Stadt schöner sein? Och, wat wor dat fröher schön doch in Colonia.

DAT HÄSTE JOOT JEMAAT!

Ach wär das schön, wenn wir uns nun alle gemeinsam mit Willy auf die Socken machen könnten, heraus aus dieser heiligen Halle, unsere steifen Krägen lösten, unser Ränzlein schnürten und uns auf eine kurze, aber dennoch mühselige Wanderschaft machten! Wär das schön, wenn wir nun das Rad der Zeit flugs um ein paar Jährchen, so an die 180, zurückdrehten. Dann ging's auf über den Rhein. Auf schwankenden Brückenbohlen auf die Schäl Sick, nach Deutschland, nach Düx. Wir verschwänden also aus dem Geviert der hilligen Stadt, ließen Dom und die Kirchen, Museen und Theater weit hinter uns zurück, nun auf der anderen Seite des breiten Flusses.

Und tauchten unter, verschwänden im Geschiebe der gelaunten Menge auf dem Kiez, zögen vorbei an unzähligen Kneipen, Spielsalons, Tanzhäusern, Amüsierschuppen, Theatern und Gauklern, so als wären wir plötzlich in die Zeit der enfants du paradis gesprungen. Wilhelm Unger und Alfons Silbermann steckten nun tuschelnd die Köpfe zusammen, zögen uns an unseren Bratenröcken in eins dieser verwinkelten jüdischen Gasthäuser, dort fidelte ein wunderbarer Geiger aus dem Hessischen, der Isaac Juda Eberst, um ein paar Groschen, kärglicher Unterhalt. In einer der raren Pausen säßen wir mit dem Fiddler auf ein Kölsch, sein kleiner Sohn, der Jacob, spränge herein mit seinem Freund, dem Franz Andreas. Die beiden Kinder spielten oft zusammen in der Düxer Soot, der eine summte sich eins und der andere, das Fränzchen, zeigte ihm heimlich die Puppen seines Vaters und ließ sie zu Jacobs schmissigen Flötentönen auf und nieder hüpfen.

Und dann sähen wir wieder, wie sich der kleine Jacob vom kleinen Franz verabschiedete, die Väter – beide von weit her in diese lebendige Stadt gespült – grüßten sich steif. Der Isaac

Juda Eberst, der sich dann nach der Stadt, aus der er kam, Offenbach nannte, zog mitsamt seinem musikalischen Söhnchen Jacob weit in den Westen, in die glitzernde Stadt Paris. Das kleine Fränzchen Millowitsch mag ihm sehnsüchtig nachgestarrt haben: Paris, diese feine Welt, blieb ihm fern; auch die turmreiche Stadt auf der anderen Seite dieses großen und schier unüberwindlichen Flusses blieb lange versperrt: diese Stadt über den Ufern, die tausend Kirchen, in der Mitte die große Ruine der Kathedrale mit den aufragenden Kränen, dunkle Vögel darüber, wie von Caspar David Friedrich gemalt. Daß da schon ein Wallraf eifrig Bilder sammelte, wußte der sehnsüchtige arme Knopf nicht. Die Franzosen feierten schon längst wieder den Karneval mit: »Il est permis au citoyen Bellejeck de faire son tour.«

Sicherlich hatte er dahin mit seinem Freund Jacques auf einer schwankenden Fähre übergesetzt, sie hatten sich heimlich in diesen bunten Karneval gestürzt, die beiden Knaben, heftig getanzt und lauthals gesungen.

Heute sind wir natürlich ganz schön froh, daß das kleine Fränzchen seinem Freund, dem Jacöble, nicht nach Paris gefolgt ist. Später aber hat es auch das Fränzchen geschafft: über die schwankende Brücke zu stolpern in die heilige Stadt Köln, mit seinen bunten Puppen.

Woher sie kamen, diese Millowitschs, bevor sie im sündigen Deutz landeten, weiß keiner so recht. Nur daß sie schon sehr lange hier sind, in unserem Köln, länger als viele andere, das wissen wir gewiß. So ehren wir heute einen alten Kölner aus einer der ältesten Kölner Familien, das wollen wir nicht vergessen!

Die einen Schlauen sagen, die Millowitschens seien Ungarn oder Kroaten gewesen. Das möchte wohl sein, hatte doch der Willy ein leicht zigeunerhaftes Aussehen als junger Mensch: pechschwarze Mähne und rescher Schnurrbart. Die anderen Schlauen wiederum halten dagegen, die Ahnen seien durchweg Militärs gewesen, vielleicht sogar in Napoleons Diensten! Das wiederum mögen wir nicht so willig hinnehmen: es sei denn, es wären rote, blaue oder sonstigfarbene Funken, Kölner Stadtsoldaten, gewesen.

Und solch ein kleines Fünkchen ist in Bonks höchst lobenswertem Buch über die Geschichte der Millowitschs abgelichtet: Ein kleiner Soldat aus dem Heldenjahre 1914. Ein süßes Kerlchen; die rechte Hand zum militärischen Gruß an den Dreispitz gereckt, mit der linken vorsichtig den Schleppsäbel lüftend, schaut er uns ungläubig an, ein kleines, blasses, fast trauriges Gesicht, dunkle Kinderaugen, denen man gern lachen helfen möchte. Schüchtern blickt dieser Fünfjährige in die Welt des Theaters, als wage er nicht einzutreten, als hielte ihn Scham zurück.

Nach dem zweiten schrecklichen Krieg hätte ich ihn so gerne an die Hand genommen, und wir wären durch die zerbombte Stadt hochgehüpft, vorbei am zerschossenen Opernhaus, zum alten Theater auf der Aachener Straße: Lommer zum Millowitsch jonn! Da hätte er schon lachen müssen, denn etwas besseres als den Tod fänden wir überall!

Der andere kleine Junge am Ufer des Flusses, den wir zuletzt so sehnsüchtig seinem nach Paris enteilten Freund Jacques nachstarren sahen, hatte auch einen langen steinigen Weg vor sich, den über die Brücke ins Herz der Stadt, bis er der Gründer dieser einzigartigen Familie wurde. Einzigartig nicht nur bei uns in Köln, einzigartig auch im unendlichen Vaterland der wandernden Truppen der Schauspieler, Gaukler, Clowns und Zirkusgesellen. Welche bitteren, harten Jahre lagen wohl vor diesen beiden Kindern, jenem am breiten Strom und dem in der friderizianischen Uniform auf der Bühne des Kölner Kolisseums im Jahre 1914?

Den kleinen Juden Jacques, genannt Offenbach, trug sein Ruhm in aller Herren Länder; daß er aus dem heiligen Köln und dem unheiligen Deutz kam, wußten wenige. Heute kündet ein trauriger Platz vor einem Betonklotz von ihm, dem großen Unterhalter.

Freilich haben sich die beiden Deutzer nicht gekannt, das haben wir uns bei unserer kleinen Reise über den Rhein natürlich nur eingebildet. Aber es hätte wohl sein können, die steinigen Wege waren gleich, die Heimat dieselbe. Das kleine Fünkchen Willy hatte einen ebenso langen Weg vor sich. Wie er ihn bewältigte, mit welcher Mühe und welchem Fleiß, was das kostete und dabei verlorenging, das können wir nicht beschreiben, das vermag man nur zu ahnen. Diese harte Arbeit, die allabendlich aufgereihten Zuschauer immer wieder zu fassen, zu halten, zu leiten, zu begeistern und zum Wiederkommen zu bekehren!

Wenn er dann heraustritt, am Schluß, zum Applaus, dann merkt man, wie schwer die Leichtigkeit ist. Dankbar, manchmal sogar ein wenig ungläubig lächelnd, breitet er die Arme aus, als wolle er sein Publikum – erleichtert von der Last der Aufgabe – umschließen. Ein Diener nur eines Herren, der seines Publikums.

Nach dem Krieg stand das ungläubige Fünkchen mit seiner Schwester Lucie fassungslos vor den Trümmern des Theaters, aber sie faßten sich bald und begannen von vorn! Wie oft hatte diese Familie von vorn beginnen müssen, dem unbarmherzigsten Gesetz dieses ehrwürdigen Berufs gehorchend, daß, was auch immer sei, der Lappen hochzugehen habe! Das Zauberwort heißt: Spielen, um das Spiel nicht zu verlieren.

»Vielleicht«, raunzt er manchmal, wenn er die Geschichten seiner Kindheit – nach hochnotpeinlicher bohrender Befragung – dann doch zaghaft erzählt, wär er gern etwas anderes geworden: Maschinenbauer, Ingenieur gar! Aber undenkbar! Das war nicht so! Ein Millowitsch mußte auf die Bühne! Hoch, durch den Staub der alten Bretter in den Lichtkegel an der Rampe zum hungrigen Publikum. Da gab's kein Vertun! Mit harter Hand regierte Vater Peter! Sehnsüchtiges Schielen nach Maschinen und Ölkännchen war auf dem Spielplan des Lebens nicht vermerkt. Himmelhoch wird freilich nur auf der Bühne gejauchzt; wie's da drinnen aussieht, im müden Herzen der Komödianten, das geht niemand etwas an – oftmals genug zu Tode betrübt.

Allzu selten weiß der brave Bürgersmann, der frisch gescheitelt in aller Herrgottsfrühe mit Vesperbrot und Aktentasche seiner ordentlichen Beschäftigung entgegenstrebt, etwas davon. Erfährt er dann und wann, daß sein freundliches Gegenüber arbeite: Wo? Am Theater? Ach! entfährt ihm in seiner Ahnungslosigkeit die freundlich zugeneigte Frage, ob dies denn auch eine befriedigende und ausfüllende Tätigkeit sei, schön, schön, ja, aber was man denn tagsüber so treibe! Dies ist die verkürzte Beschreibung des alten jammernden Wehgeschreis: Nehmt die Wäsche weg, die Komödianten kommen! Nach dem Hinauswurf aus dem Kult waren sie verstoßen aus den schützenden hohen Mauern der Kirchen, wurden begraben jenseits der Grenzen und Friedhöfe, für vogelfrei und rechtlos erklärt, waren oft auf der Flucht, verfügbar und abhängig ohne Würde, welch erbärmliches Hungern und Darben. Dann aber auch: auf den Plätzen der Jubel und die Liebe der Leute; les enfants du paradis! Und über uns nur noch der Himmel!

Die vielen Millowitschens könnten uns ein vielstimmig Lied davon singen, ihr Weg endete nicht an fürstlichen Höfen, vom Überfluß des Feudalismus und dem der Hoftheater spürten sie nichts, ihr steiniger Weg mündete nicht im bequemen Plüsch der Subventionen: Da läßt es sich wohl sein und alten Luftgespinsten nachtrauern.

Bei unserer alten Komödiantenfamilie aber galt es jeden Tag und jeden Abend das Leben neu zu bestehen und neu zu meistern. Da mußte der Groschen zweimal umgedreht und manches Kostüm dreifach gewendet werden, mancher Bettelgang war überlebensnotwendig. Dabei braucht's nur ein bißchen Leim und wenig Farbe, bloß Holz und Leinwand, viel mehr nicht, um die wacklige Welt der Possen auf die staubigen Bretter zu zaubern.

Wie oft haben all diese Komödianten, die auf den Marktplätzen der Welt ihr Leben zur Schau tragen mußten, nach da ganz oben geschielt: in die Schlösser und Burgen, in die Häuser, in die Villen, auf die reichgedeckten weißen Tische. Und nun wird einer aus dieser ehrenwerten Gesellschaft, einer ihrer würdigsten Nachfahren zum Ehrenbürger der Stadt erklärt. Seine Ahnen wiederum, der Franz zweifellos mit seinem Freund Jacob, sitzen nun auf den barocken Wolken im himmlischen Schnürboden, wackeln fassungslos mit ihren Köpfen und klappern mit den Puppen: Wat mäht dä Willy da? Und: Wie hätt dä dat dann jemaht? Nach dem großen Dichter nun der große Schauspieler, einer von denen, denen man früher die Tür wies, ist aufgenommen, W. M. neben dem großen Mäzen Ludwig, neben dem großen Böll. Das ehrt den ganzen Stand. Recht hat er also getan, der Kölner Rat in seiner großen Güte und Weisheit! Aber er soll sich nicht zuviel einbilden und gar denken, er habe etwas Besonderes, Originelles vollbracht. Er hat lediglich, wie solche Körperschaften demokratischer Legitimation es zuweilen tun, reagiert; auf die gesellschaftlichen Verhältnisse. Das Sein bestimmt das Bewußtsein. Denn wer vermöchte zu leugnen, daß alle Kölner den Citoyen Millowitsch längst tief verehren.

Des Nachkriegsbürgers Sinn stand nach anderem als nach alten Possen und Typen vergangener Jahre und scheinbar längst verschwundenen Zeiten. Die öffentliche Kultur baute sich flugs ihre neuen Paläste. Stuck und Plüsch wichen Teak und Beton. Paläste, meist zu groß, oft zu kalt, weil ihnen das menschliche Maß fehlte, Feierräume des Status quo. Als wollte man sich verbergen, schichtete man Beton hoch, den niedergeschlagenen Köpfen so den Blick auf böse, vergangene Zeiten zu nehmen.

Erinnern? Vergessen! Denn wir sind keine Menschenfresser, doch wir küssen um so besser! Die schändlichen Verwüstungen der alliierten Bomberschwärme wurden vollendet durch überhastete Planung. Da oben auf der Aachener Straße allerdings hatte dies alte Theaterchen keinen Anteil am neuen Bürgerstolz. Eingeklemmt zwischen Gründerjahrehäuser, kämpfte es um Anerkennung und ums Überleben. Alles Klinkenputzen half da nichts, Willy, der Vater der Familie und der Truppe, hat bittere Stunden erlebt.

Eines der ältesten Theater der Welt wurde nicht durch die Bürger der heimatlichen Stadt gerettet, die oft genug über die schönen Schwänke und die alten Possen die Achseln zuckten und die gezupften Brauen hoben; die zum Millowitsch gingen, hatten wenig Lobby in einer Zeit, wo Karten für den Bayreuther Grünen Hügel wieder zum Symbol eines neuen Status wurden. Dann aber geschah etwas, das in der heiligen Stadt Köln nur als Wunder beschrieben werden kann: Der alte Kölner Sender rettete das Theater! Absurd scheint das, dies zwitterhafte Wesen aus Rundfunk und Film verschrieb sich der Gegenwart, des Theaters vornehmster Ausdruck. Und das Theater von Willy, seinen Freunden und seiner Familie, war zudem noch gegenwärtiger als viele andere Erscheinungen dieser restaurativen Zeiten.

In seiner Mitte hüteten die da eine kostbare Schmuggelware: den Dialekt, die Sprache von unten, von der Straße, der unwillkürliche Ausdruck der Kölner, unreguliert, sich jeder Zensur widersetzend, unmittelbares Verstehen, jäh aufbrausend und weich, voller Teilnahme verklingend. Schönster Ausdruck dieser Stadt, in die wir zu Fuß gehen möchten und deren Muttersprache wir noch nicht verloren haben.

Gab's also mehr Gegenwart als diese Sprache, da oben gesprochen von Willy Millowitsch, von der Else Scholten und der Lucie, von Franz Schneider und von der Trude Herr? Danken wir also tief den Herren vom NWDR, Hartmann und Bismark und Sell und Novottny und Schmidt und Hoff und Rohrbach und Witte und wem auch immer, von dem ich nichts weiß. Und auch dem großen Fernsehmann Werner Höfer! Aber Willy hat's ihnen auch zurückgezahlt! Hunderte von Sendungen, die ersten Theatersendungen überhaupt, eine unübersehbare Gemeinde, die ihn liebt, bis heute! Ein märchenhaftes Kapitel vom Volkstheater in der Geschichte dieses Volkstheaters: Er habe lediglich Glück gehabt, sagt Willy dazu meist kurz und bündig. Wie wir wissen hat es der Tüchtige.

Wir sollten nunmehr alles daransetzen, dies Theater zu halten, weil es unsere Sprache behütet. Daß diese uns nicht wegläuft aus der Heimat in die elektronische Fremde, daß sie uns nicht verschüttgeht im vielschichtigen Datengebrabbel, in der babylonischen Verwirrung der wohlfeilen Software und nicht verblaßt in der Idiotie der Piktogramme.

Das Einzigartige und das Unverwechselbare soll mit uns überleben; verlieren wir diese wunderbare Sprache unserer

Straßen, dann verlieren wir unsere Seele. Von flotter Kommunikation eingekreist, werden wir dereinst als alte Hülsen wie die leeren Raketen am Neujahrsmorgen verbrannt und zusammengefegt im Rinnstein unserer Hoffnungen liegen.

Und sagt mir, liebe Freunde von Willy: Wo gibt's einen schöneren Ort für unsere schöne Sprache als jenes hochgebaute Podest mit dem Lappen davor, das Theater! Hinter diesem sind die schönsten Seelenlandschaften im Verborgenen aufgerichtet, kräftige Berge und seichte Tümpel, liebliche Gewässer und sprudelnde Quellen, Vizinalwege und breite Straßen. Himmelhochjauchzend, zu Tode betrübt. Das Rumoren hinter den bunten Kulissen, der Klang der heiseren Stimme und dann die unwiderstehliche Kraft dieses Lachens, dem keiner entrinnen kann. Auftritt dann der Nachfahre, der legitime Sproß der Puppen seiner Ahnen in der Sprache seiner Welt, die die unsrige ist, und unten jauchzen sie glücklich, die Sprache dieser Stadt: euer Willy!

Da tritt ja dann nicht nur ein großer Schauspieler auf, dessen Arbeitseifer über jeden Zweifel erhaben ist. Da tritt dann auf ein großer Komiker, der die Menschen trefflich kennt, könnte er sie sonst so zeigen? Da tritt ein Künstler auf, und das macht ihn so unerreichbar unvergleichbar, der unverrückbar ist wie wenige, dessen Stärke gute Freunde und böse Feinde schon längst hat verzweifeln lassen! Dem kommt ihr nicht so rasch bei, der läßt sich nicht verhandeln. Den gibt's nur einmal, der kommt nie wieder.

Dieses Unverwechselbare, dieses Originale, dieses höchst ausgeprägte Individuum entzieht sich allen verkürzenden Formulierungen. Dieses radikale Subjekt ist nicht zu formieren. Es hat zuviel um sein Leben – und das ist allein sein Beruf und sein Theater – und um sein Publikum kämpfen müssen.

Der ist nicht reproduzierbar, der *ist*. Viele seiner Kollegen haben unter dem Druck von Einschaltquoten und Auflagen ihr blasses Gesicht schon verloren, der nicht! Mancher von jenen glaubte ja schon selbst, was ihm Text und Rolle befahl. Dieser hier blieb bei sich! Irgendwann begann sich alles nach ihm zu richten, war er gefeit gegen das Vervielfachte, gegen die endlosen Kopien. Er bleibt ein Unikat, ein Einzelner und so auch ein Schwieriger. Wahrscheinlich lieben wir ihn deshalb so sehr und immer mehr, weil er fast fremd in dieser postmodernen Glitzerwelt steht; vielleicht erinnert dieser Theaterpossenkönig uns schmerzlich an das, was war, was früher war, als alles noch so heil und so ganz anders war?

Oder weil er mit uns über das lacht, was ist? Aber wir Theaterleute produzieren ja nichts als Nichts, da kann man nichts schwarz auf weiß nach Hause tragen. Wir nisten uns ein in den Köpfen der Leute da unten und säen Unkraut, Unordnung unter die Scheitel! Das macht auf die vergnüglichste Weise der Komiker, und mit lachgewaltiger Macht! Da wird's durcheinandergewirbelt, das herübergebrachte Bild von der heilen Welt.

Nicht die Welt selbst zeigen wir, wer könnte das schon? Aber eben krumme Bilder, wacklige Zeichen, auf einen verabredeten Kanon gebracht, auf augenzwinkerndes Einverständnis zwischen den Handelnden auf den Brettern da oben, jenen Spottgeburten aus Dreck und Feuer, und den Zeitgenossen unten im sanften Dunkel, ohne deren staunende und neugierige Augen und Ohren es uns so nicht gäbe. Und ohne deren Applaus, dieses süßeste aller zappelnden Geräusche, unser Leben ärmer wäre, trostlos und leer.

So reduziert auch das Theater des Willy Millowitsch die Welt auf possenhafte Kürzel. Das allerdings ist die große und kostbare Tradition des Volkstheaters, die Wirklichkeit zu verbiegen. Das Lachen vertreibt die Dämonen, es nimmt die Angst vor hoffnungsloser Kälte; die Posse verlängert und verkürzt die Wirklichkeit nach dem Belieben der Menge. Immer jedoch haben das Volkstheater, der Schwank, die Posse ihren Grund im Leben, in den Menschen, die ja oft merkwürdiger sind als wir träumen. Ja, wir alle sind komisch!

In Amerika sah ich neulich einen Pastor auf einem Ball zum Valentinstag mit seinen Schäfchen tanzen. Der Mann war ein ehemaliger Basketballspieler, also sehr, sehr groß. Die Schäfchen waren dagegen sehr klein und recht blaustrümpfig. So tanzte nun der gute Mann mit allen Mauerblümchen seiner Gemeinde, tief gebeugt, leise zur Musik mit ihnen redend, und sie schauten hoch und ihm tief in die Augen. Hätte man dies auf dem Theater vorgestellt, man hätte es für eine Übertreibung gehalten, heißt's schon bei Lessing; dabei war es das reine Leben. So ist auch die Komik von Willy Millowitsch ein Theater voll genauer Beobachtungen und Lebenssinn. Will Lachen nicht dumm und hämisch sein, muß es, wie auch der Anlaß immer sein mag, über die eigene Situation hinausgehen und zu Neuem führen. Über die alten faulen Sachen läßt sich immer noch am besten lachen.

Konservativ wie ich bin, werbe ich also heute schamlos für die hohe Kunst der Posse. Schützen Sie also dieses Theater dieser Familie Millowitsch. Laßt es nie mehr in Gefahr geraten! Sitt nit esu kniesbügelig! Es muß ja auch noch was geben, das kein Museum ist! Der Willy hier verkörpert auch eine alte »Kölner Schule«, und ein alter Wilder ist er sowieso!

Brecht hat ja nicht gemeint, daß wir uns zu Tode amüsieren sollen. Es kann uns sehr wohl passieren, daß wir eines guten Tages in der Flut der konjunkturellen Kulturschübe das Bewußtsein verlieren und ersaufen. Es könne nie zuviel Kultur geben, rufen markig einige Politiker, die bis vor kurzem noch Matisse für einen französischen Primeur gehalten haben. Aber ja! Aber klar kann es das! Es kann auch zu viele Autos geben und zu viele Blockflöten! Oft genug wird ja Kultur mit marketinggestyltem postmodernen Rummel verwechselt. Helft die alten Systeme zu halten! Laßt sie nicht untergehen!

Liebe Freunde, ich plädiere für die Pappkulisse, für die fusseligen Haare und die rote Knollennase. Ich plädiere für den alten zerschlissenen roten Vorhang, hinter den man sich träumen kann. Ich plädiere für den hellen Papiermond über den bunten Gesichtern der Possenreißer und für den Geruch der Schminke; für das kindliche Glück der Zuschauer, für die Menschen im kreisrunden Scheinwerfer von Bergmans »Abend der Gaukler«. Ich plädiere für das alte Maß! Haltet dies Theater fest, so eines wie das bekommt ihr nicht wieder!

Früher, in Rom, sprangen alle auf und riefen: Hoch! Er hat sich verdient gemacht ums Vaterland! Da war's ganz gleich, ob es nun ein Feldherr, Dichter oder Diktator war. Wir hier in Köln machen es anders als unsere Vorfahren: Wir bleiben sitzen, neigen uns dir zu und sagen leis: Alaaf, leeven Willy, dat häste joot jemaat!

Im »Ulysses« von James Joyce steht ein letzter Satz, den ich mir nun leihe. Ich dachte mir, er könne, hochverehrter Willy Millowitsch, auch über deinem langen, schweren, kurzen, entbehrungsreichen, reichen, unglücklichen, glücklichen, traurigen, frohen, vollen Leben stehen: »Und ich habe ja gesagt ja ich will ja!«

CHRISTOPH MARTHALER

Er war spindeldürr, wie ein kleiner Don Quixote, und der berühmte Altmeister Werner Düggelin zog ihn im Schlepptau hinter sich her, der sei nämlich Musiker und ziemlich sehr begabt! Das war Anfang der achtziger Jahre in Zürich; im Niederdorf oder im Weißen Kreuz am Stadelhofen saßen wir oft herum und tranken und redeten, bis uns die allzu frühe Sperrstunde schlug. Und da waren auch die Pohls dabei und Brasch, die Thalbach, der Waltz und die Wandruszka. Das waren aufregende Zeiten am Schauspielhaus unter dem liebevollen Gerd Heinz. Marthaler war Direktor dieser Bühne am Pfauen und anderswo und brachte die bedächtigen Zürcher Bürger in Rage. Und das war gut so. Sie hätten ihn pflegen sollen, so einen kriegen sie nicht wieder. Und einen ungemein begabten Bruder Adrian hat er auch. Dessen Musikfilme gehören zu den wenigen schönen Sendungen im nicht nur Schweizer Fernsehen: höchst wunderlich, bizarr und skurril. Ohne Maß sozusagen, da muß was in dieser Familie verborgen sein.

LANGSAM, LANGSAM, WIR HABEN KEINE ZEIT

Herr Dr. Karasek hat mich einmal beschimpft, warum es denn keine Pina Bausch des Sprechtheaters gebe? Das ist allerdings schon ein bißchen her, so an die zwanzig Jahre. Auf den zaghaften Einwand meinerseits, die Grundlagen unserer Theaterarbeit bildeten doch vornehmlich Texte und dann die sich daraus ergebenden Kommentare, entgegnete er seinerseits grinsend, ob denn der amerikanische Künstler Robert Wilson dem Stadttheater allgemein bekannt sei. Das war dieser wohl, aber im vom großen Exegeten Stein formulierten Interpretationstheater war der Text noch heiliges Fundament.

Dieses Gespräch fand tatsächlich in einem öden Wartesaal im Flughafen statt; hätten Christoph Marthaler und seine Bühnenbildnerin Anna Viebrock uns auf einer ihrer Forschungsreisen durch Raum und Zeit zufällig entdeckt, wäre sicher gute Laune aufgekommen über die beiden eifernden Herrchen.

Die Verbindung von Christoph Marthaler zu Pina Bausch und Robert Wilson ist offensichtlich: Hier wie dort wird ja in der Regel auch keine Literatur ins Bild geführt. Das sind lange Traditionen, die sicher nicht erst bei Jooss, Piscator, Artaud, Craig beginnen. Christoph Marthaler, der seinen Beruf mit »specialiste« bezeichnen könnte, kann sich in dieser Verwandtschaft auch getrost Theaterautor für Autorentheater nennen, so wie eben die obigen auch höchst subjekte Ereignisse stiften. »Damit die Zeit nicht stehenbleibt«, stand bei Murx; davon rutschen jedoch Buchstaben von den Wänden, und die Zeiger der Uhr verwirren sich: das Gegenteil ist wohl der Fall, Zerfall und Auflösung bis zum quälenden Stillstand einer Godotsippschaft.

Als ob Langsamkeit bloß eine reine Erfindung von Christoph Marthaler sei, empörte sich dieser mit Recht; Warhol und Wilson hatten sich schon in den Siebzigern eingesponnen, Räume und Zeit von »Einstein on the Beach« waren schon Relativitätsversuche über den Pulsschlag der Rezeptionsfähigkeiten. In den frühen Sechzigern war die Gruppe Fluxus immer wieder auf der Suche nach nämlichen Erfahrungen. Man betrachte einmal wieder Jürgen Beckers und Wolf Vostells Happening-Buch. Da finden sich erstaunlich aktuelle Ereignisse wie zum Beispiel der Zyklus für Wassereimer (oder Flaschen) von Tomas Schmit, eine überaus extreme und sinnige Angelegenheit: Zeit und Material vergehen in einer schier unaufhörlichen Reihung, bis alles Wasser verdunstet ist. Da waren andere aufregende Erfindungen von Paiks ersten Video-Versuchen, von Beuys' früher Provokation und Vostells Décollagen. Es gab wohl lange schon die immerwährende Sehnsucht aller Aktionskünstler, daß fiktive und reale Zeit ineinanderfließen mögen, daß kein Unterschied mehr erkennbar sein solle. Diesem Traumgebilde hasten Produzenten also schon lange genug hinterher.

»Nach all dem Videoclip-Geflackere und der gegenwärtigen Beschleunigung in der Politik« (Originalton Marthaler) sind die sanften Tempi und die unmerklichen dynamischen Wechsel, die Stillen, geradezu aufrührerisch aktuell: Die offiziell erklärte Flut der ereignislosen Bilder gaukelt uns Bewegung, Tatkraft, Wille nach Veränderung, Fortschritt vor.

Die Politik unseres Landes ist von selten dummer Immobilität. Ihre Führungskräfte plumpsen nur leider nicht beraubten Sinnes von ihren Stühlen auf den Boden, diese bleiben ohne Verlust an Reibung immerdar: hocherhobenen Hauptes, stolz in scheinbar rasender Schnelligkeit ihrer Brabbelei. Marthaler ist allerdings listig genug, dies nicht einfach abzukupfern – er macht keine Kopien der kabarettistischen Art. Seine einsamen

Figuren, die die hohen herzlosen Räume von Anna Viebrock besetzen, sind von seltener Künstlichkeit, doch wie genau beobachtet! Solche Zurückführungen sind ohne unablässige Neugier auf die Psyche nicht zu formulieren.

Neugierig reisen die beiden und besichtigen die richtige Welt, nicht Bücher, Bilder, Filme. Das sind Forschungsreisen, eine extreme Sicht auf Leben oder was da mal in diesem Raum gelebt haben mag, es war einmal! Die Poesie dieser Orte ist grundlegend. »Die Kneipe, in der nichts anderes als Ruhe herrscht – der Lesesaal mit Neonlicht Bahnhofsbuffets – Asylheime – Großraumbüro, ›Wartesaal‹-Räume also, in deren hintersten Winkeln der alltägliche Wahnsinn unseres Lebens steckt«, sagt Marthaler. Die Kneipen in Hamburg nennt er untergehende Boote, kleine Titanicen...

Die Winkel, die Wände fallen auf: Christoph mag Wände, sagt Viebrock. So wird die Peripherie zum Zentrum, singende Ofenlöcher, geschnittene Klaviere, Durchreichen, Mikrophone. Wo bei den Bürgern Bilder hängen, kleben hier Menschen flach an der Wand, als ob sie Halt finden müßten. Von der Peripherie her entwickeln sich die Viebrockschen Räume – die hohen orthogonalen Guckkästen mit der zu breiten Mittelachse, eine immer gefährliche Linie, Kante, auf der die Katastrophe balanciert, Messers Schneide, keine Ausblicke werden gegönnt, kafkaeske Abgeschiedenheit, keine Luft, gar Fenster, kein Entrinnen, das Außen lediglich vermittelt durch Aufzüge, Schwingtüren, Fahrstühle, Kammern für Waschgezwungene, Herren- und Damentoiletten. Das sind erfundene Räume, irgendwo gefunden auf den Forschungsreisen von Lissabon bis Polen. Marthaler und Viebrock gehören zusammen wie weiland Peter Stein und Karl-Ernst Herrmann, ähnlich wie diese künstlerisch verschwippt: eine unverwechselbare Ästhetik formulierend, wenn auch eindeutiger, trüber, garstiger als Herrmanns freie Felder und bürgerliche versponnene Gehäuse. Was er jetzt mache, sei ohne Anna Viebrock nicht möglich, sagt Marthaler. Sprachlose Menschen dödeln vom Rande in diesen nostalgischen Hallen, Heimatlose – auch wenn es die geschniegelten Stunde-Null-Männer sind, eine unbehauste, erbarmungswürdige Gesellschaft. Finita la commedia.

Politisches Theater – was das auch immer sein mag – mache er nicht: Seine Menschen vom Rande sehen wir, die in der gefährlichen Mitte überfordert sind, allesamt ohne Aussicht, heute so unfähig wie gestern, was zum Teufel soll denn morgen noch werden? Blödmänner und Blödfrauen siedeln in diesen Sälen, sozialdemokratischen Feierräumen der feuchtkalten Fifties gleich, die ja auch in den Viebrockschen Pullundern, Knickerbockern, Nyltest- und eingegilbten Diolenhemden, Trevira-Schlabberhosen in Beige und Braun und Bleu heftige Wiederauferstehung feiern, und vereinigen sich in fröhlicher Depression. Dann immer mehr wieder helle Sphärenklänge und all diese Führungskräfte, Fallsüchtigen, Nasenbluter, Hosenböden, Nachtasylanten, Schwer- und Leichttrinker, Dicke, Dünne, Doofe halten für Augenblicke lange lauschend inne: Kafkas Sirene und Preußens Trillerflötentöne zerreißen die andachtsvolle Stille wieder mit neuen Exerzitien, eine geheimnisvolle Ordnungsmacht beginnt sogleich. Das Chaos ist noch nicht aufgebraucht: Es war ja nie da, Ordnung ist das halbe Leben! Welch ein trister Zeitsprung retour! Aus dem Nichts soll das kommen und wieder ins Nichts zurückfallen – so kommen die Chöre und verhallen wieder, oftmals durch die eigene Absurdität sich selbst erledigend, sehnsüchtige Volkslieder von stillen Tälern, kurpfälzischen Jägern und weiten Höhen. Der Musiker kann freilich den Wohlklängen, trotz aller Ironie, nicht entrinnen, in nostalgischer Erinnerung summen diese Armseligen sich schön zu.

Musiker Marthaler, wie der bildende Künstler Wilson ein theatralischer Quereinsteiger, formiert gegen das bedrohliche Chaos die ausgeklügelte Choreographie seiner strengen Reigen. Bei allen bösen Blicken auf die Abwegigen und deren tatsächliche Merkwürdigkeiten sind diese immer liebenswürdig, weil zum Erbarmen komisch – ist Christoph Marthaler also ein verkappter Humanist, Erlöser armer Seelen in Viebrockschen säkularisierten Kirchenflügeln? Alles kreist freilich um das nämliche Thema, das des verlogenen Glücks: War da mal was? Ob nun des schäbigen Zauberkünstlers magerer Erfolg oder jener ungeschickten Rollschuhläuferin löcherige Grazie, eingesperrt in die hohen Hallen der Vergeblichkeit, hocken da alle, fast ergeben in ihr Schicksal. Und dann, wie ein Wunder: Von irgendwoher gerufen, hören sie aufeinander und singen miteinander, als ob dies der Abglanz einer Hoffnung der einsamen Autisten sei, das Gemeinsame im Verschiedenen wieder mühsam zu erhören und es in der Fülle des Wohllauts zu finden.

Bei all der Autorenschaft beschleicht unsereinen die Angst, ob diese beliebte Projekttheatermacherei, die es ja auch vor langer

Zeit und nicht erst bei Piscator gab, die Zukunft sei und Literatur aus dem Theater verschwände, alles immer so ex ovo? Da das Marthalerische und Viebrocksche Theater aus »Liebe zu Bildern, Räumen, Rhythmus, Menschen entstanden« (Christoph Marthaler) ist, ist auch Beschäftigung mit der Literatur ja kein Widerspruch, die »Drei Schwestern« und die wunderschöne Inszenierung von »Kasimir und Karoline« zeugen davon. Da wird allerdings unsere Gegenwart hereingebeten – frei und nah an der Vorlage. Wenn die Musik der Liebe Nahrung sein sollte, dann könnten Christoph und die Viebrock diese Frage – wenn auch langsam – beantworten, vielleicht bald in Zürich: Was ihr wollt!

Als der unerbittliche Fritz Kortner bei der Arbeit am »Zerbrochnen Krug« in den Münchener Kammerspielen von mir den vorlauten Assistenten-Hinweis bekam, er müsse sich bitteschön sputen, eine halbe Reclam-Seite pro Probe sei viel zu wenig, so könne er nie und nimmer das Datum der Premiere halten, zürnte er an der kalten Zigarre vorbei: »Langsam, langsam, wir haben keine Zeit.«

HEINER MÜLLER

Als Ruth Berghaus in Berlin beerdigt wurde, war es beinkalt auf dem Dorotheenstädtischen Friedhof. Der weiße Atem stand uns wie kleine Kapitulationsfähnchen vor den Mündern. Und da waren sie wieder, die üblichen Verdächtigen, die auf spitzer Nase ihre Sonnenbrillen und die große Ruth zur letzten Ruhe trugen. Ihr Grab war mit Rosen besteckt, son Kitsch also, hätte sie gesächselt. Ich allerdings fand, daß es dieser feinen Dame wohl anstand. Gern haben wir sie in unserem alten Westen gehabt, nach ihr kam nichts Nennenswertes mehr, bloß epigonale Abräumer einer Zeit, die längst vorübergezogen ist. Sie aber war tapfer und ziemlich zäh, und langweilig war es nie mit ihr. Als sie einmal nach einer buhumwitterten Aufführung immer wieder hinaustrat, zupfte ich sie vorsichtig am Ärmel, bitte laß das, murrte sie, die Leute haben doch bezahlt, da werden sie sich auch ärgern dürfen. Und sauste behende wie eh und je hinaus, erhobenen eisgrauen Hauptes, eine kleine Generalin! Wir könnten doch eben das Grab von Müller besichtigen und auch ihm unsere Aufwartung machen, meinte Martin Wuttke. Da lag er nun, ein paar Schritte weiter, Heiner, der alte Weggefährte der Berghaus im gescholtenen BE. Als Müllers Stasiverwicklungen allenthalben ungläubiges Kopfschütteln hervorriefen, fragte ich Ruth in einer mutigen Minute, ob sie etwa auch?

Sie lachte aus sehr spöttischen Augenwinkeln und grinste dann zufrieden, daß das doch wohl garnicht notwendig gewesen sei: Ihr lagt doch vor uns wie ein offenes Buch! Was er denn bloß berichtet habe, na, der Heiner? Dieser Heiner hatte uns oft erzählt, wie er, der Musterbrechtschüler, seine Obrigkeit, also die Zensur, oftmals überlistet hatte, um sein Imprimatur zu erlangen: So habe er immer wieder Themen, Beobachtungen in seinen Texten versteckt, auf die er lockervomhocker verzichten konnte. Das waren die weißen Hunde. Kamen ihm die Rotstifte auf derlei Sachen, habe er sein künstlerisches Gewissen in tiefe Dackelfalten gelegt und schweren Herzens verzichtet. Das war eben ein raffiniertes Spiel um die Freiheit. Na, sagte die Ruth, wer bestimmte denn die Farbe des Hundes, doch nich der Heiner! Vielleicht sei auch seine Stasimitarbeit so ein weißer Hund gewesen, lachte sie sich fröhlich in die Probe hinein. Als Müller starb und danach die Berghaus, war auch die marode DDR mausetot. Deren Todesglöckchen hat nun ausgeläutet. Mancher bekommt allerdings heute noch heimwehnasse Augen, denkt er an Honeckers Staat im Schlaf.

ZWISCHEN DEN WELTEN

Ein Foto von Karin Rocholl hing lange Zeit in meinem Arbeitszimmer: Heiner Müller saß auf einer wackligen Bank auf dem Bahnhof Friedrichstraße, das war natürlich noch zur Zeit der Mauer mitten im kalten Krieg. Unwirtliche Nahtstelle. Aber da fühlte er sich ja sauwohl auf dieser Bank, zwischen diesen Stühlen machte es ihm großen Spaß, diesem dialektischen Opportunisten: immer zu denen zu gehören, zu denen er nicht gehörte. Hier und dort, hüben und drüben. Ja, der Verrat, das war eines, wenn nicht das wichtigste seiner Themen. Auch der normale Verrat im kleinen, in der moralfreien Zone des schnellen Talks, in Kneipen, auf Probebühnen, viele zynische Bemerkungen waren tägliche Übung, spitze Bemerkungen über diesen oder jenen Zeitgenossen, Schauspieler, Regisseur, Journalisten oder gar Kollegen der schreibenden Zunft.

Energisches Einschreiten, etwa wie »du bist auf dem falschen Dampfer« oder »das wissen wir hier besser«, hatte fast automatisch ständiges stummes Nicken zur Folge. Der Blick hinter der schwarzen Brille, eine Brecht-Reliquie wie die Havanna, wurde gleich auf unendlich gestellt, die schwarze Zigarre begann in der Hand zu wippen, deren Rauch mit wenig Nachdruck nach oben gepustet. Heiner war erwischt, die Schlange stellte sich tot: Man hatte ihn so schnell auf der eigenen Seite. Sicherlich entging er so Diskussionen, die er für seltsam, für überflüssig zu halten schien, leider kein gleichberechtigter Partner weit und breit. Es war eben schwer, damals zur Vorwendezeit, Debatten zu führen. Das jahrelang eingeübte Überlebenstraining hatte ihn scheu und vorsichtig gemacht: der abwehrende Zynismus als innere Emigration. Und dann schnell, Ablenkungsmanöver, den aktuellsten DDR-Witz: »...der letzte macht das Licht aus!« Haben wir damals gelacht in Köln: »12 Kölsch, 1 Whisky für Heiner!«

Wir waren ja alle schon lange alte Freunde, als wir im Kölner Theater 1980 seinen »Mauser« uraufführten. Heiner schaute sehr überrascht. Christof Nels Inszenierung im pompösen Wonderschen Bühnenbild hatte nichts mit dem zu tun, was er sich in seiner Antwort auf die Brechtsche »Maßnahme« vorgenommen hatte. Das war ihm wohl zu bundesrepublikanisch: zu weit weg. Aber er vagabundierte eben liebend gerne zwischen den Welten herum.

Das hatte er schon mit Westkonto im Palitzschschen Frankfurter Theater geübt, löckte dort gegen den Stachel auf der anderen Seite und umgekehrt. Rührend haben sich Peter Palitzsch und Horst Laube um den damals noch Verfemten bemüht: Schwierige Rehabilitationsversuche in der Westrepublik. Weshalb er diese ausgedehnten Westreisen unternehmen konnte, haben wir erst viel später erfahren. Der den Verrat so oft beschrieb, war selbst ein Verräter; hinterher hat es mich allerdings nicht gewundert, nur ein bißchen geärgert.

Er kam noch einmal zu uns nach Köln. Kaum jemand außer Urs Jenny im »Spiegel« erinnerte an die grandiose Zusammenarbeit Müllers mit Robert Wilson bei »CivilWarS«, eine Arbeit, die in Wilsons Inszenierung von Müllers »Hamletmaschine« im Hamburger Thalia-Theater ihre Fortsetzung fand. Weiter ging es mit diesen beiden trotz gegenseitiger Beteuerungen leider nicht. Und Heiner hatte Weltniveau im Beteuern, dann konnte er blicken wie ein Dackel, bekümmert vorwegnehmend, man könne ihm etwa seine Zusicherung nicht glauben. »Das machen wir schon, das kriegen wir schon hin, wenn, dann nur mit dir...« Und dieses Nicken und der Rauch der Havanna und der Griff zum Whisky.

Viele wollten viel von ihm, und es wurde nicht immer etwas aus diesen langen Gesprächen, selten etwas Ertragreiches, er wusch sich oft den Pelz und machte sich nicht naß. Niemand nahm ihm solch ein Verhalten, den kleinen Verrat, irgendwie übel, dazu war er zu liebenswert: des Liebens wert, man ahnte die tiefverletzte Seele.

Sein Leben war, wie wir wußten, auch nicht gerade lustig gewesen. Die Ausflüge zu uns, dann später ins Land der Sehnsucht, ins ferne Amerika, kosteten ihn viel. Der Spagat wurde immer schmerzhafter. »IM Zement«, Innenausstattung der Macht: Das war ja notwendiger Opportunismus, dieser Freifahrtschein nach Texas. Wenn man ihn auf solches Verhalten hinwies, kam wieder dieser ernsthafte Dackelblick, die Unterlippe vorgeschoben, der Qualm in die Luft gepustet. Wer aber hat das nicht verstanden? Und Heiner nickte stoisch.

Es gibt viele Geschichten über ihn und von ihm. Wie er in Bochum diese tolle Aufführung vom »Auftrag« machte: Der Panther tigerte durch den Zuschauerraum, und dann Wonders Bühnenraum, der Müllerschen Radikalität scheinbar widersprechend. Wie sehr hatten sich auch Hermann Beil und Claus Peymann um ihn bemüht.

Zuletzt sah ich ihn, Frühsommer war's, im Frankenland in einem Gartenrestaurant bei Bayreuth. Das klitzekleine Kind tapste auf dem Tisch herum, er war zweifellos in den kleinen Menschen sehr verliebt. Die DDR war inzwischen eingekracht, der Krebs hatte ihn schon beim Wickel, er war dünnhäutig geworden, porös, der Zynismus ging ihm nicht mehr so flott von den Lippen. War das Ende des Spagats auch seine Niederlage? Er sprach über das BE und die Unmöglichkeit der Zusammenarbeit mit Wessis wie Zadek, Zorn, runzlige Stirn. »Tristan« war eine sehr schöne Aufführung in den Räumen von Erich Wonder. Ja, wahrscheinlich wußte Heiner Müller mehr über gebrochene Herzen als viele von uns. In ihm saß die Trauer wohl viel tiefer, als wir ahnten.

Ich weiß doch nicht, wer er war, ob er ins Pantheon der Dramatiker kommt, wie viele Gesichter er hatte, ob seine Stücke gar die Dauer einiger seines verehrten Vorbildes Brecht erreichen werden. So richtige Renner waren sie ja noch nie. In Anthologien werden die meisten von ihnen dämmern als Zeugen einer Zeit, die längst vergangen ist, als Zeugen eines Staates, der ein Geburtsfehler war, an dessen Vätern Stalin und Hitler Müller zeitlebens am meisten gelitten hat, der ihn wütend und produktiv machte. Zerschellte Hoffnung.

Adieu, mein Freund, gebrochenes Herz Heiner! Nun werden sie dich feiern. Laß mal, du hattest es doch ganz gerne. Mit Recht. Und laß die Havanna nicht ausgehen. Der letzte macht das Licht aus.

WILL QUADFLIEG

Als wir das kleine Gefäß mit den sterblichen Resten dieses mächtigen Mannes in die Erde gaben, war es wie in einem Roman oder Film, wie unwirklich, wie durch eine klare Glasscheibe gesehen. Hatten wir doch eben zuvor in der kleinen Dorfkirche noch seine Stimme gehört, eine helle, junge, jauchzende, die schier emphatisch Rilkeschen Glanz beschwor und später, zum traurigen Schluß, eine dunkle, rauhe, die Bennsche Verzweiflung beschrieb. Diese beiden Melodien, ein ganzes langes Leben umspannend, blieben im Ohr, als wir durch die frische Kälte gingen. Dann war er uns ganz und gar verschwunden und die Zeit der Erzählungen und der Geschichten begann, die sich um unsere Trauer legen sollten wie alte Heilsalben, die die verlorene Zukunft, die furchtbarste aller seelischen Wunden, lindern sollten. So macht sich jeder sein ihm eigenes Bild von diesem durch und durch ungewöhnlichen Mann, dem unvergleichbaren Zeugen einer langen und widersprüchlichen Spanne von Jahren und Abenden. So geht er noch eine Weile mit uns fürbaß, mit jedem in einem anderen Takt und auf anderen Gassen.

Das tut oft weh, aber dem Verlust gehört der Schmerz. »Denn welche Wunde vernarbt nicht den Menschen.« Viele erinnern sich an den alten, wackeligen Ferapont in Tschechows »Drei Schwestern«, seine allerletzte Rolle auf diesen und allen anderen Brettern, die er so anrührend spielte: alter Blödmann? So eine Charge! Das soll ich jetzt spielen? rief er am

Telefon komisch verzweifelt aus. Der Verachtung folgte ein ellenlanger Disput über Wert und Ansehen der Charge, gesteigert: die Knallcharge; weite Ausflüge über die schwer überschaubaren weißen Gipfel, grünen Berge und dunklen Täler des Ensembletheaters folgten; endlich ein vorsichtiger Hinweis darauf, mal ehrlich, »Rappaport« sei ja auch nicht gerade vom Schillerschen Geist gesegnet gewesen.

So säuselte bald ein zärtlicher Wind in die Telefonmuschel, Erleichterung hüben, Gnade drüben. Hörer aufhängen, durchatmen. Er macht's. Das hatte ich sowieso hoffnungsfroh erwartet. Die Optimisten waren ihm freilich zuwider. Da hielt er es mit Schopenhauer, der den Optimismus als ruchlose Weltanschauung verdammte!

Er saß also am Ende im schrecklichen Unglück der »Drei Schwestern« und schückelte Andrejs Kinderwagen, redete langsam und unaufhörlich und lautlos mit Nataschas jüngstem Sproß. Bis der Vorhang über all dem Elend fiel. Nach Moskau? »Wenn man es nur wüßte...«, sagt Olga. Vielleicht hat er dem kleinen Kind ja Geschichten vom Theater zugeflüstert, wie alles begann mit dem Brief des berühmten Friedrich Kayßler an den gestrengen Vater Quadflieg, damals, das war 1934.

Gerne hätte man da dem Alten da oben zugehört. Sein Kopf war ja nicht nur prall gefüllt mit Literatur, er wußte viel mehr, unendlich viel über dieses merkwürdige, nutzlose Ding: Theater. Sein Gedächtnis war phänomenal. Noch kurz vor seinem Tod war er *mild* entschlossen, noch einmal zu rezitieren, seine Gedankenkraft wurde nimmer müde! Und war jederzeit hellwach auch in größter Ruhe!

Als Regisseur mußte man gewappnet sein, Bitten, Hinweise, Anregungen, Vorschläge, Mäkeleien meinerseits wurden pfeilschnell mit einem Schillergoethehölderlinzitat seinerseits retourniert. Ganz blaß fühlte man sich dann, sehr minder, ganz profan und ziemlich hiesig! Oft genug habe ich mich mit einem müden Satz weggeduckt: Wie soll ich mit dir verhandeln, wenn deine Anwälte unserer alten Heroen göttliche Weisheiten sind? Mehr Welt bitte! Er freilich griff behende mit Witz in sein Schatzkästlein, und solcherart güldene Worte wurden mit leichtem Gekratze am eigenen Monument über die Probe gepfiffen. Wie sehr konnte man mit ihm lachen, und wie sehr und rückhaltlos konnte er über sich selbst lachen. Ein Knabe von seltsamem Humor! meint schon Lear. Der auch schallend über sich selbst lachen konnte.

Von der Welt wußte er viel. Auch auf dem Theater, innen drin in den vielen Rollen, konnte er immer wieder die Fenster weit öffnen und alles auf Durchzug stellen, sehr praktisch und ziemlich irdisch. Auf komplizierte Vorschläge antwortete er kurz und lakonisch. Da machte er einen kleinen Wischer, und als ich sagte, die liebliche Cordelia müsse man wohl anders verhandeln, da solle doch ein bißchen mehr Wehmut durch die seelischen Knopflöcher schimmern. »Ach ja, das tiefe ich dann an«, war seine unwirsche, schnell hingeworfene doch präzise Antwort. Erst die Arbeit, der Glanz kam viel später. Erst mal weiterspielen, keinen langen Aufenthalt, rasches Umsteigen, mit Siebenmeilenstiefeln durch die Biegungen und Höhen und Tiefen, vornehmlich der Verse, eilen. Alter Fehler, nickte Will. Den Text absteppen wie ein taumelnder Tänzer, einem Orlando furioso gleich, auch wie ein streunender Bohemien also, der er, geboren im großbürgerlichen Schatten der rußigen Ruhrschlote, immer sein wollte. Und nicht nur der breite Hut, der wehende Schal und die pathetische Geste waren Ausweis des vagabundierenden Künstlers, hat er eigentlich Baudelaire gelesen?

Hamburg war sein künstlerisches Quartier; abertausende von Versen schwirren noch immer zwischen der Kirchenallee und dem Alstertor wie Schwärme zwitschernder Schwalben in der Abendsonne hin und her. Das Schauspielhaus, die Junge Bühne, das Thalia bildeten sein hanseatisches Dreieck. Ja, der Faust! Der Faust? Über den Faust vergessen viele seinen grandiosen Mephisto. Denn beide hat er gespielt, beides war in ihm, wer ihn einmal das große Goethesche Gedicht hat rezitieren hören, wird dies für immer wissen.

Intendant Peter Striebeck hat ihn endlich für das Thalia-Theater gewonnen und mit dem unvergleichlichen Rudolf Noelte verbunden. Unübertroffen spielte er den Künstler Michael Kramer. Die Schlußszene zwischen ihm und Peter gehört zu den großen Momenten des Theaters. Nie habe ich zuvor oder danach einen solchen Menschen auf der Bühne gesehen: voller Trauer und aufgegeben und hoffnungslos. Alles das im dauernden Getue, im Ordnen und Räumen wie durch ein wirres Ornament manisch verdeckt. Noelte war sein Spiegel, sein Alter ego, der wie durch eine Lupe seine hohe Schauspielkunst ordnete und preußisch eindeichte.

Manchmal glaubte ich an eine Übermalung des einen Meisters durch den anderen, wenn Will durch dicke Gläser linste, hochfahrend und hüftsteif mit eleganten Armschwüngen über manche Noeltesche Schräge stakste, in geheimnisvollen Ausgängen verschwand und eine leere Pause zurückließ, die uns traurig anstarrte. Aber bald überwand ein neuer Auftritt den scheinbar endgültigen Abgang. Noelte stimmte ihn hochsensibel auf den inneren Gang der Gedanken herunter. Der geniale Sprachmeister fand seinen Partner; alte Meister, tiefe Stimmung. Das blieb nicht folgenlos.

Wir trafen uns vor Jahren leibhaftig am Schauspielhaus, wo er die »Wüstenstrecke«, so Gert Westphal, des damaligen Theaters durchmaß, mühsam die Fassung wahrend; bei Zadeks »Othello« fuhr er allerdings aus der wohlerzogenen Haut. Er spielte – wie bei Noelte in Salzburg – den Thomas Payne in »Dantons Tod«, in einem einmaligen Ensemble aus wild und jung und alt, mit Rehberg und Mensching und Bessel und Hinz und Sukowa und Schade und Holtzmann und Höffer und Eduard Marks, Angela Schmidt, Klaus Pohl und vielen anderen. So führte das grandiose Stück uns alle wieder zusammen. Wild? Keine Spur! Alt? Keine Spur! Literatur! Wir trafen uns dann und wann in kalten und warmen Jahreszeiten, und schließlich saß er mit Meisel hier auf »Rappaports« Bank, zwei Knallchargen von adligem Geblüt, hohe Schule der Pointenfischer, alte Gefährten aus alten Berliner Zeiten, »dem Kurt hab ich ja damals schon die Rollen weggespielt«, raunzte er. Karl Joseph hieß die Rolle in Botho Strauß' »Besucher« und war dem »großen und letzten Stilisten des Sprechtheaters«, wie Strauß schrieb, zugeeignet; er hatte sich mehrere Passagen aus dessen Buch »Wir spielen immer« angeeignet. Es bedurfte einiger Ränke und Kniffe unsererseits und Briefe von Strauß andererseits, bis er diese Rolle spielte. Wilfried Minks, einer aus der unerzogenen Zadek-Familie, inszenierte, und alle waren es zufrieden, auch die hohen Theatertreffenrichter: Auf nach Berlin also, wieder einmal zurück an alte Stätte, wieder einmal im Triumph. So ging das hin und ging das her, er kam an das Thalia und blieb eine lange Zeit, bald geachtet und geehrt und geliebt.

Würde er den alten Billy Rice, Helmut Lohners Vater im »Entertainer«, spielen, dann würden wir auch den »Lear« machen, erpreßte ich ihn. Und er spielte den alten Entertainer, mit aller Erfahrung der staubigen Schmiere, rührende Szene der drei Rice-Männer: Quadflieg, Lohner und Kurt tanzten ein altes Revueliedchen, hoch den Hut und vor das Bein und hopp! Applaus, gerührter Rückblick. Dem alten König Lear gab er alle Anfangswucht und vertrödelte ihn dann in kindliche Verlorenheit. Die Kritiker mochten das nicht, unser Publikum sehr wohl, wir spielten es, bis Will nicht mehr konnte. In einem der vielen vertrauten Gespräche in seiner Garderobe vor den Vorstellungen fragte ich ihn einmal vorsichtig, ob die Verrisse ihn träfen. Nein, antwortete er, wenn sie nur nicht so persönlich und mit Beleidigungen daherkämen. Aber was willst du? Wer spricht von Siegen? Überstehn ist alles, zitierte er seinen Rilke.

Einem Kritiker habe ich später einmal ins Gewissen geplaudert: Ich wünschte ihm nicht viel Gutes, aber daß er im biblischen Alter von 80 Jahren so etwas einmal über sich lesen müsse, das wünschte ich nicht mal ihm. Da guckte er stumm, und schattengleich huschte ein Hauch von Nachdenklichkeit über sein Gesicht. »Und bedenket wohl, für wen ihr schreibt«, sagt der Theaterdirektor im »Faust«.

Nie werde ich dieses Bild vergessen, wie er kindesglücklich mit Fritz Lichtenhahn, Sprenger, Bantzer und Kremer auf der Heide hauste, die stachelige Strohblumenkrone auf dem schön verrückten Gesicht, ganz bei sich im absurden Spiel, der mißtrauische Noelte hätte sich gefreut, endlich ein großer Komiker, mit dem leisen westfälischen Singsang der so vertrauten, aufgerauhten Stimme. Das war wohl die Zeit, als sein Stern noch einmal hell aufstrahlte. Auch als Dieter Wedel den alten Filmprofi – Leinwand-Liebling vor und nach dem großen Krieg – zu den Bellheims engagierte, dieser seltsamen Rentnerband, die den Jungen Mores lehrte. Sehr witzig war er auch da und schaukelte oft genug auf der eigenen Schippe.

War der greise König nun die Summe aller seiner Möglichkeiten? Paßte alles das unter diese Heidekrone, dieses vielfältige Schauspielerleben? Für einmal doch zuviel, das waren doch biblische sieben Leben; prall und ausgefüllt bis zum Bersten! Konnte er einmal stehen und innehalten? Was zog den so auf die Rennbahn, welches sehnsuchtsvolles Verlangen hat ihn getrieben, immer weiter? Fast bis zum Ende: ohne Rast und Ruh.

Nicht nur die Götter liebten ihn, auch Göttinnen streuten ihm Rosen auf den Weg zur Bühnentür in Zürich, er war ja auch selten schön, schöner Mund und dunkle schimmernde Augen.

Er war nicht aus der Welt hinausgewandelt oder kreiste manisch in einem hohen Turmgebilde aus elfenbeinernen Buchstaben, Wörtern und Sätzen. Er wurde zum politischen Menschen, dessen ästhetische Sendung immer auch den ethischen, den politischen Kern aufdeckte. Als er einmal bei einer Friedensdemonstration vor dem Lessing-Denkmal auf dem Gänsemarkt den »Kinderkreuzzug« von Brecht in die Straßen donnerte, griff sich Hildegard Schmahl an die Stirn und sagte mit vor Staunen geschwächter Stimme: Hört euch das an, das geht an die Nerven der Stadt.

Einmischen, nicht mehr von außen mitlaufen, den Anfängen wehren, mahnen, die Stimme für die Schwachen der Schöpfung erheben, ob Mensch, ob Tier. Und diese Moral kam aus den schönsten Schätzen unseres verwalteten Landes: aus der klassischen, der romantischen Literatur. Die Weimarer waren stets um ihn, Zeugen guter humaner deutscher Tradition, so eine sentimentale Aufklärung polierend. All das war in seinem großen Schädel versammelt, war unaufhörlich aus den fernen Kammern seines enormen Hirns in die feinsten Winkel seiner Seele eingesickert. Ein altmodischer Begriff von Bildung war das wohl, den dieser letzte Enzyklopädist des deutschen Theaters in sich bewahrte. Der Glanz Hölderlins umwehte ihn, und er hatte auch ein dickes Buch mit Telefonnummern, nicht nur mit Weimarer Vorwahl, sondern auch die direkten Anschlüsse von Mann und Benn und Rilke und Borchert und Hesse und und und, und immer wieder Goethe, der Titan: Sprachkunst auf hochgespanntem Seil. Diese Texte und ihre Stimmen werden uns bleiben, wir können sie bunt verpackt nach Hause tragen und in unseren Seelen aufblühen lassen wie feine Musik und ihm so einen Kranz flechten, der nie verwelken kann.

Als der alte böse Konsul Werle in Ibsens »Wildente« endlich die steile Treppe in Hjalmar Ekdals Atelier emporgekeucht ist, trifft er dort zwischen allerlei fotografischen Gerätschaften zum allerersten Mal auf seine halbwüchsige Tochter Hedwig. Nach dieser Probe fuhr ich ihn – wie so oft – in seine kleine Hamburger Wohnung an der Alster. Wir müssen uns etwas überlegen, sagte ich ratlos, wie nimmt bloß der alte Werle, dieser Bösewicht, das verleugnete Kind wahr? Welch ein Augenblick! Darüber will ich gerne nachdenken, sagte er etwas verloren und ächzte sich aus dem Automobil. Und als beim nächsten Mal Wills Werle wieder in den Fotografenraum kam und die zerbrechliche kleine Hedwig also zum ersten Mal sah, blieb er sehr überrascht stehen und hob den kurzsichtigen Kopf, taxierte kalt, nahm dann mit elegantem Schwung und kleiner Reverenz den Hut vom Kopf, als ob er eine große Dame begrüßen wollte. Dann schritt er auf sie zu, die Kleine erschrak, und ihre Mutter zog sie panisch schnell, wie zum Schutz, fort. Wollte er sie in die väterlichen Arme nehmen? Auf unserer Heimfahrt lobte ich diesen wunderbaren Einfall, er schaute aus dem Fenster und brummte, daß er ja wohl das Leben kenne.

Dann saß er am Ende auf der Bühne, ein wenig sehr alt geworden und wackelig, und redete dem kleinen Kind im Wagen zu und des Nachts mit Andrej, dem Bruder von drei Schwestern, wunderliche Geschichten aus einem fernen, wohl absurden Moskau! Dort werde unmäßig gegessen, und erzählt werde, vielleicht aber auch gelogen, quer durch Moskau sei ein Seil gespannt...

Wozu das? Das kann ich nicht sagen. Andrej schickt ihn weg. Das hätten wir wahrlich nicht getan, wir hätten ihn weiter ausgefragt, bis auf den Grund des Meeres, nach der langen Schnur durch die ferne Stadt, die sicherlich um die ganze Welt gespannt war von seinem zu unseren Herzen.

HINWEISE

Über Peter Zadek: »Theaterschreck Nr. 1«, in: Die Woche, 25.5.2001. – Zum 75. Geburtstag.

Über Eberhard Feik: »Nach Buffalo! Nach Buffalo!«, in: Die Woche, 4.11.1994. – Nachruf.

Über Wilhelm Unger: Gedenkrede 1985 im Kölner Schauspielhaus.

Über August Everding: Rede zum 65. Geburtstag am 31.10.1993 im Münchener Prinzregententheater.

Über Arno Wüstenhöfer: Rede zum 70. Geburtstag am 9.10.1990.

Über Boy Gobert: »Der Liebhaber«, in: Die Zeit, 6.6.1986. – Nachruf.

Über Peter Stein und Karl-Ernst Herrmann: »Das Traumpaar«, in: Theater heute, 1989, H. 7. – Laudatio anläßlich der Verleihung des Berliner Theaterpreises an Peter Stein und Karl-Ernst Herrmann, gehalten am 24.5.1989 in der Schaubühne Berlin.

Über Luc Bondy: Gekürzt erschienen in: »Regie... Luc Bondy«, hg. von Dietmar N. Schmidt. Berlin 1991.

Über Henning Rischbieter: »Der Riese«, in: Theater heute, 1987. H. 3.

Über Nikolaus Harnoncourt: Rede anläßlich der Verleihung des Hansischen Goethe-Preises der Alfred Toepfer Stiftung F.V.S., 1995.

Über Luigi Nono: »Die Schönheit setzt sich der Revolution nicht entgegen«, in: ZEITmagazin, März 1987.

Über Giuseppe Sinopoli: »»Pass mal auf«, in: Die Woche, 27.4.2001. – Nachruf.

Über Bayreuth: »Im Traum, wo die Liebe erbleicht«, in: »Götterdämmerung. Der neue Bayreuther Ring«, hg. von Udo Bermbach und Hermann Schreiber, Berlin 2000, S. 243–245.

Über Rudolf Augstein: »Dieser verdammt helle Kopf«, in: Spiegel Spezial Rudolf Augstein, 1993, Nr. 6, S. 54–55.

Über Richard von Weizsäcker: in: »Begegnungen mit Richard von Weizsäcker«, hg. von Werner Filmer und Heribert Schwan, München 1993.

Über Willy Millowitsch: Laudatio anläßlich der Verleihung der Ehrenbürgerwürde der Stadt Köln an Willy Millowitsch, gehalten am 17.3.1989.

Über Christoph Marthaler: Laudatio anläßlich der Verleihung des Kortner-Preises an Christoph Marthaler und Anna Viebrock am 6.12.1997 in der Volksbühne Berlin.

Über Heiner Müller: »Zwischen den Welten«, in: Theater heute, 1996, H. 2. – Nachruf.

Über Will Quadflieg: Gedenkrede zu dessen Tod, gehalten am 18.1.2004 im Thalia-Theater, Hamburg.